AMASIS,

OU

UNE RÉVOLUTION D'AUTREFOIS,

DRAME

EN CINQ ACTES ET EN PROSE,

PAR

M. HENRI MILLOT

PARIS,
CHEZ TOUS LES MARCHANDS DE NOUVEAUTÉS.
IMPRIMERIE DE H. FOURNIER, RUE DE SEINE, N° 14.

1832.

AMASIS,

OU

UNE RÉVOLUTION D'AUTREFOIS.

PERSONNAGES.

APRIÈS, roi d'Egypte.
NITÉTIS, sa fille.
AMASIS, général des armées d'Apriès, ensuite roi d'Egypte.
MANÉTHON, d'abord général des rebelles, ensuite des armées d'Amasis.
AMÉTOPHIS,
PATARVÉMIS, } autres généraux d'Apriès.
SABAKON,
NÉKOS, } prêtres d'Isis, ministres d'Apriès.
MÉNÈS, officier et ami d'Amasis, ensuite son ministre.
CÉBÈS, officier.
Autres officiers.
LAODICE, femme d'Amasis.
THAIS, fille d'Amétophis.
Un orateur des ouvriers.
Un envoyé des Cyrénéens.
Soldats, Ouvriers, Peuple, esclaves.

AMASIS,

OU

UNE RÉVOLUTION D'AUTREFOIS,

DRAME

EN CINQ ACTES ET EN PROSE,

PAR

M. HENRI MILLOT.

PARIS,
CHEZ TOUS LES MARCHANDS DE NOUVEAUTÉS.

IMPRIMERIE DE H. FOURNIER, RUE DE SEINE, N° 14.

1832.

AMASIS,

ou

UNE RÉVOLUTION D'AUTREFOIS.

ACTE PREMIER.

(Une salle du palais d'Apriès, à Saïs.)

SCÈNE PREMIÈRE.

AMÉTOPHIS, SABAKON.

AMÉTOPHIS.

Vous semblez triste, prêtre d'Isis?

SABAKON.

Je le suis effectivement, et pour cause.

AMÉTOPHIS.

Tout en vous annonce un profond découragement. Quel accident si grave?....

SABAKON.

Ah! général, une nouvelle terrible est arrivée.

AMÉTOPHIS.

Mais encore.....

SABAKON.

Une nouvelle terrible, affreuse, vous dis-je.

AMÉTOPHIS.

Votre langage aurait de quoi m'effrayer si je ne savais par expérience que vous autres prêtres voyez toujours les choses sous l'aspect le plus sombre.

SABAKON.

Vous parlez comme un soldat enclin à médire du gouvernement, parce qu'il a plu au roi de choisir ses ministres parmi les pontifes. Nos craintes n'étaient pourtant point imaginaires quand nous nous montrions peu rassurés sur les dispositions des citoyens de votre classe, quand nous déplorions cet esprit de désordre et de vertige qui de la foule a passé jusqu'à eux.

AMÉTOPHIS.

Nous y voilà! toujours de grands mots! toujours des déclamations contre l'esprit du siècle! Eh! mon cher Sabakon, soyons donc un peu de notre temps. Les règnes d'Uchoréus et de Chéphren ont passé. A des âges de simplicité et d'ignorance en ont succédé d'autres plus éclairés. Vous savez bien que, du jour où le roi Psamméticus appela des étrangers et leur assigna des demeures au milieu de nous, de nouvelles idées, de nouvelles mœurs se sont introduites dans le royaume. Vouloir lutter contre elles est déraisonnable. Revenons à ce qui nous occupait; quel est ce malheur dont vous vous alarmez tant?

SABAKON.

Je renonce à vous en entretenir.

AMÉTOPHIS.

Quoique nous ayons souvent différé de manière de voir, votre confiance en moi a toujours été la même; d'où vient qu'aujourd'hui vous vous montrez si réservé?

ACTE I, SCENE I.

SABAKON.

Amétophis, si vous m'êtes cher comme homme privé, je n'oublie pas cependant qu'avant tout vous êtes soldat, que vous partagez les préjugés de votre classe, et que vous épousez ses haines et ses affections. Dès-lors pourquoi voulez-vous apprendre par moi un événement qui nous remplit de douleur, mais qui ne sera pour vous et pour les vôtres qu'un sujet de joie et de triomphe?

AMÉTOPHIS.

Monsieur le prêtre, je suis Egyptien de cœur, et j'aime trop mon pays, je suis trop attaché à mon roi, pour ne pas m'affliger des périls qui les menacent; si vous n'avez pas d'autre motif pour vous renfermer dans le silence, j'ose dire que celui que vous donnez est frivole.

SABAKON.

Eh bien, sachez-le donc; une révolte a éclaté parmi les troupes envoyées contre Cyrène.

AMÉTOPHIS.

O ciel!

SABAKON.

Le général qui les commandait a été tué.

AMÉTOPHIS.

Qu'entends-je! Séthos?

SABAKON.

Comme il accourait pour réprimer le désordre, ses soldats lui ont donné la mort.

AMÉTOPHIS.

Ses soldats!

SABAKON.

Ses propres soldats.

AMÉTOPHIS.

Mais la chose n'est pas possible! vous êtes mal informé! vous savez combien de bruits ont couru sur l'armée, et ils n'ont pas tardé à être démentis.

SABAKON.

Cette fois, il n'y a plus moyen de se faire illusion. Un des chefs restés fidèles dans le secret, a fait partir de suite un homme dévoué pour nous informer de ce qui se passait au camp.

AMÉTOPHIS.

Grands dieux!

SABAKON.

Vous sentez que lorsque des soldats en viennent à de pareilles extrémités, on doit s'attendre à tout de leur part.

AMÉTOPHIS.

Ne m'en parlez pas. Je comprends que n'espérant pas de pardon, ils ne reculeront devant rien.

SABAKON.

Les troupes insurgées sont les meilleures du royaume, et celles qui nous restent, quand elles apprendront la fatale nouvelle, ne seront que trop portées à suivre leur exemple.

AMÉTOPHIS.

Vos craintes ne sont pas sans fondement.

SABAKON.

Maintenant, vantez-nous donc le patriotisme qui anime votre classe. Blâmez donc le gouvernement

de n'avoir pas accordé plus d'influence à ses chefs!
notre confiance eût été bien placée!

AMÉTOPHIS.

Prêtre d'Isis! ce n'est pas moi qui donnerai des excuses à une conduite criminelle. Des soldats en insurrection seront toujours coupables à mes yeux. Mais enfin, il n'y a pas d'effet sans cause, et si nous nous trouvons dans des circonstances aussi affligeantes et aussi critiques, si le trône d'Apriès est ébranlé, les prêtres n'ont-ils rien à se reprocher? Le système qu'on suit ne devait-il pas, un peu plus tôt ou un plus tard, conduire à de pareils résultats? Les avertissemens n'ont cependant pas manqué. Pour ma part, je ne les ai point épargnés.

SABAKON.

Oh! oh! comme vous y allez! Vous verrez tout à l'heure que les soldats auront raison, et que c'est nous qui serons les coupables!

AMÉTOPHIS.

Encore une fois, Sabakon, ce qui s'est passé devant Cyrène n'est pas justifiable; mais aussi pourquoi vous montriez-vous si jaloux de ceux que leur naissance a voués au métier des armes? Pourquoi avoir cherché toutes les occasions de les humilier? Est-ce à tort que les soldats se sont trouvés blessés dans leurs sentimens les plus chers, quand ils ont vu le roi confier à des étrangers la garde de sa personne? La présence de ces Cariens et de ces Ioniens n'avait-elle pas quelque chose d'insultant pour eux? Aussi vous pouvez vous rappeler à quelles étranges rumeurs donna lieu l'expédition de Cyrène. Une armée mécontente accueillit facilement l'idée qu'elle était sacrifiée. Le choix du général n'était pas propre à éloigner les soupçons. N'est-ce pas une honte qu'il se soit fixé sur un Séthos? La voix publique ne désignait-elle pas Amasis? Les soldats ne l'appelaient-ils pas de tous leurs vœux? En conscience, il ne méritait pas qu'on payât ses services de tant d'ingratitude.

SABAKON.

J'aurais lieu de m'étonner si l'événement dont je viens de vous entretenir ne donnait pas plus d'amertume à vos paroles ordinairement sévères. Pourtant je ne balance pas à vous dire que c'est précisément parce que l'opinion publique se prononçait trop fortement en faveur d'Amasis que nous avons dû songer à un autre. Il n'est pas bon que, dans une monarchie, la foule prétende imposer ses choix au souverain. En nommant Amasis, nous eussions paru nous soumettre à ses caprices. Or, cette condescendance de notre part pouvait avoir ses dangers. Il doit vous souvenir de cet enthousiasme qui accueillit le vainqueur de Sidon à son retour, de toutes ces démonstrations d'une joie bruyante dont nous fûmes étourdis dans Saïs. C'étaient partout des cris, des chants, au milieu de tout cela toujours le nom d'Amasis qui retentissait; et vous avez pu remarquer qu'il jouissait de son triomphe, que les hommages d'une population empressée de le voir ne lui étaient pas indifférens.....

AMÉTOPHIS.

Il faut en convenir, vous prenez facilement de

l'ombrage. Amasis revient d'une campagne glorieuse, les soldats qu'il a conduits à la victoire portent aux nues leur général, la population du royaume partage leur ivresse; quand il n'aurait pas été insensible aux manifestations de la reconnaissance publique, y avait-il de quoi s'effrayer tant? Si, parce qu'on est heureux à la guerre, on devient suspect au pouvoir, il n'y a rien là de bien encourageant pour ceux qui suivent la profession des armes.

SABAKON.

Mais vos soldats, depuis leurs victoires, étaient devenus d'un orgueil insupportable, d'une exigence sans bornes. Il ne convenait pas d'encourager leurs mauvaises dispositions en leur cédant.

AMÉTOPHIS.

Vous avouerez que des concessions n'auraient pas amené de plus tristes résultats que le système suivi à leur égard n'en a produit. Reconnaissez donc que vous vous êtes trompé, et qu'il est malheureux que des gens qui ne demandaient qu'à bien servir l'État se soient crus dans la nécessité de prendre les armes contre leur roi.

SABAKON.

Quand vous diriez vrai, il n'y a pas à revenir sur le passé; ainsi vos reproches sont inutiles.

AMÉTOPHIS.

Sabakon, j'ai dû vous parler avec franchise; mais je suis loin de vouloir mettre à profit la circonstance pour vous affliger. Voyons au remède.

SABAKON.

Quel remède y a-t-il, quand les défenseurs na

turels d'un royaume en sont devenus les ennemis?

AMÉTOPHIS.

Pourquoi désespérer? Les choses ne tourneront peut-être pas aussi mal que vous le craignez. Avant que vous alliez chez le roi, avisons donc aux moyens de prévenir de plus grands malheurs. Avec un peu de bonne volonté de votre part, nous tomberons peut-être d'accord. Mais d'abord il importe de connaître les faits. Une révolte a éclaté au camp, les soldats ont tué Séthos; en savez-vous davantage?

SABAKON.

Après avoir consommé le crime le plus odieux, les rebelles ont mis à leur tête Manéthon.

AMÉTOPHIS.

Manéthon!

SABAKON.

Quand un homme de ce caractère a une fois tiré le glaive, vous pensez bien qu'il ne regarde plus derrière lui.

AMÉTOPHIS.

Continuez.

SABAKON.

Au moment où l'envoyé a quitté le camp, il était question d'une alliance avec les Cyrénéens et de marcher avec eux sur Saïs. Vous voyez que nous avons affaire à gens disposés à frapper vite et fort. Comment les arrêterons-nous?

AMÉTOPHIS.

Je vais m'expliquer; mais avant souffrez que je vous fasse une question.

SABAKON.

Parlez.

ACTE I, SCENE I.

AMÉTOPHIS.

Prêtre d'Isis, êtes-vous sincèrement dévoué au roi et au pays?

SABAKON.

Belle demande! Est-ce que ma vie entière n'est pas là pour attester tout l'amour que je leur porte?

AMÉTOPHIS.

Oh! il y aurait beaucoup à dire là-dessus ; mais...

SABAKON.

Comment cela? Savez-vous que vous me faites injure?

AMÉTOPHIS.

Mon cher Sabakon, vous prenez feu un peu vite; mais enfin si votre zèle est aussi sincère que vous le dites, sans doute, quand il y va du salut du royaume, vous êtes capable de faire taire un ressentiment, de reconnaître, de réparer une faute?

SABAKON.

Expliquez-vous d'abord.

AMÉTOPHIS.

Vous craignez que les soldats répandus par tout le royaume ne suivent l'exemple de leurs frères, n'est-ce pas? Vous savez qu'ils sont généralement mécontens, qu'ils ont profondément ressenti l'injure faite à Amasis. Toujours est-il que, sans le souvenir de son premier général, moins prévenue contre Séthos, l'armée de Cyrène ne se fût pas laissée aller à lui donner la mort. Par suite, elle ne se fût pas mise en révolte ouverte contre le gouvernement. Cela étant, pourquoi ne vous serviriez-vous pas d'Amasis pour la faire rentrer dans le devoir?

SABAKON.

D'Amasis?

AMÉTOPHIS.

Oui, d'Amasis. Croyez-vous que les soldats des rebelles marcheraient volontiers contre un homme qui n'a pas cessé d'être leur idole? Envoyez-le donc contre eux. Qu'il rassemble à la hâte les troupes que nous avons sous la main, et qu'il parte aussitôt. Pour le reste, fiez-vous-en à son habileté, et comptez sur la fortune.

SABAKON.

Vous êtes prompt à imaginer; mais qui vous dit qu'Amasis se prêtera à nos vues? Ne savez-vous pas que cet homme est dévoré d'une ambition profonde? Pour mon compte, j'avoue qu'il m'a toujours inspiré de la répugnance.

AMÉTOPHIS.

Aussi vous désigne-t-on comme un des auteurs de sa disgrace.

SABAKON.

Je confesse que je n'y ai pas été tout-à-fait étranger.

AMÉTOPHIS.

Votre conscience ne vous fait-elle aucun reproche à cet égard?

SABAKON.

La conduite d'Amasis m'a toujours paru suspecte.

AMÉTOPHIS.

Tenez, Sabakon, nous ne sommes pas justes envers Amasis. Cependant il faut rendre à chacun ce qui lui est dû, et reconnaître qu'il vaut mieux qu'on ne le suppose généralement à la cour. Vous-même, ne le jugez-vous pas d'une manière moins défavorable aujourd'hui? Ne trouvez-vous pas qu'il supporte noblement sa disgrace? Franchement, vous attendiez-vous à cette résignation?

SABAKON.

Oh! je ne m'en laisse pas imposer si facilement. Je sais que dans l'ombre il ne cherche qu'à nous susciter des ennemis.

AMÉTOPHIS.

N'y aurait-il pas un peu de prévention de votre part?

SABAKON.

Ses liaisons avec les citoyens des classes inférieures m'ont toujours déplu. Pensez-vous que ce soit sans intention qu'il flatte les marchands et les ouvriers?

AMÉTOPHIS.

Au nom du ciel! ne nous perdons pas en suppositions, ne nous créons pas de chimères. Mettez-vous donc bien dans la tête que nous sommes dans une position à ne pas y regarder de si près. Ce n'est pas l'homme qui nous plaît que nous devons employer, mais bien le plus capable. Amasis n'est pas un sot; et si nous décidons le roi à le mettre dans une position où il n'ait plus rien à envier, du moment qu'il verra son ambition satisfaite, il est à nous, n'en doutez pas. Vous craignez son influence, son esprit d'intrigue; mais vous oubliez que s'il était privé de l'un et de l'autre, il ne pourrait nous être utile. Pourquoi voulez-vous qu'il fasse cause commune avec les mécontens? Il n'a pas à espérer d'eux plus que vous n'êtes à même de lui donner, et il est trop avisé pour sacrifier des avantages certains à de folles espérances.

SABAKON.

Vous ne me persuadez pas.

AMÉTOPHIS.

Vous êtes un terrible homme!

SABAKON.

Comme vous voudrez.

AMÉTOPHIS.

Songez qu'il y va du salut du royaume!

SABAKON.

Savez-vous que vous mettez bien de la chaleur dans vos instances?

AMÉTOPHIS.

C'est que je ne vois que le bien de l'Etat.

SABAKON.

Ne voyez-vous pas autre chose aussi?

AMÉTOPHIS.

Que voulez-vous dire?

SABAKON.

Dans le temps, il a été question du mariage de votre fille avec Amasis. Est-ce que vous vous raviseriez?

AMÉTOPHIS.

Vous croyez m'embarrasser?

SABAKON.

Pas du tout.

ACTE I, SCÈNE I.

AMÉTOPHIS.

Vous ne réussiriez pas. Si j'ai sur Amasis les vues que vous me prêtez, n'est-ce pas que j'ai confiance dans son avenir? Pensez-vous que je songerais à lui donner ma fille, si je n'avais quelque estime pour son caractère? Quand je vous le représente comme le seul homme capable de nous tirer d'embarras, croyez que je parle d'après ma conviction intime.

SABAKON.

Je vois bien qu'il faudra que je finisse par être de votre avis.

AMÉTOPHIS.

Sans me flatter, c'est ce que vous avez de mieux à faire.

SABAKON.

Reste à savoir maintenant si nous trouverons Amasis dans les dispositions convenables.

AMÉTOPHIS.

Ne soyez pas en peine. Toutefois, vous n'êtes pas dispensé d'user d'adresse avec lui. Ainsi, bornez-vous à faire agréer du roi sa nomination comme chef de la nouvelle armée. Sa Majesté devra lui apprendre elle-même la faveur dont il est honoré. Amasis n'osera élever aucune objection ; il serait moins accommodant si vous lui faisiez vous-même des propositions.

SABAKON.

Vous indiquez le parti le plus simple.

AMÉTOPHIS.

Allez donc.

SABAKON.

Un moment.

AMASIS.

AMÉTOPHIS.

Qu'est-ce qui vous arrête ?

SABAKON.

Je vous avoue que je ne laisse pas d'éprouver quelque émotion d'avoir à me présenter chez le roi quand mon collègue Nékos l'entretient d'événemens si fâcheux.

AMÉTOPHIS.

Ne craignez rien. Sa Majesté sera fort irritée contre les soldats; mais elle n'entrera que plus facilement dans nos idées.

SABAKON.

N'importe, vous m'obligerez de venir avec moi.

AMÉTOPHIS.

Du moment que ma présence vous est nécessaire, je consens de grand cœur à vous accompagner.

SABAKON.

Voici Amasis et son ami Ménès.

AMÉTOPHIS.

Il semble nous chercher. Faisons-lui bonne mine; mais soyons discrets.

SCÈNE II.

LES PRÉCÉDENS, AMASIS, MÉNÈS.

AMASIS.

J'aurais quelques mots à vous dire, prêtre d'Isis.

SABAKON.

Une affaire d'importance nous appelle auprès du roi. Si vous voulez renvoyer à plus tard cet entretien, vous me trouverez tout disposé à vous entendre.

AMASIS.

Rassurez-vous, monsieur le prêtre, je ne vous retiendrai pas long-temps, et, puisque vous vous rendez auprès de Sa Majesté, je ne pouvais vous rencontrer plus à propos.

SABAKON.

Parlez, alors.

AMASIS.

Monsieur le prêtre, je me suis aperçu que ma présence avait cessé d'être agréable au roi....

SABAKON.

Vous vous trompez, Amasis. Sa Majesté vous voit toujours avec le même plaisir...

AMASIS.

Oh! de trop sûrs indices m'ont appris mon malheur; mais il ne s'agit pas de cela pour l'instant.

AMÉTOPHIS.

Ah çà, puisque la conversation s'engage, il ne faut pas que je vous gêne. Je me retire donc.

AMASIS.

Restez, général, restez. Ce que j'ai à dire n'est pas si grave qu'un tiers doive craindre d'être indiscret, et d'ailleurs, la chose fût-elle d'un plus haut intérêt, votre présence ne peut jamais que m'être agréable. Prêtre d'Isis, quand on a servi son pays avec tout le zèle dont on est capable, quand on a été assez heureux pour ne pas s'acquitter sans gloire de la tâche qu'on avait acceptée, il est dur de se voir payé de ses travaux comme je l'ai été.

SABAKON.

Mais encore une fois, Amasis, le roi ne vous a pas retiré son amour.

AMASIS.

J'ai trop l'habitude des cours pour m'y tromper.

SABAKON.

Des apparences vagues vous ont induit en erreur.

AMASIS.

Prêtre d'Isis, vous m'avez dit que vous étiez pressé, ne m'interrompez donc pas.

SABAKON.

Je vous écoute.

AMASIS.

J'ai douté long-temps, mais j'ai dû me rendre à l'évidence. Eh bien, puisque j'ai pu déplaire, puisque ma présence à la cour est désormais importune, j'ai décidé d'abandonner cette résidence royale.

SABAKON.

Quoi! vous quittez Saïs?

AMASIS.

Je vais à Memphis. Mon projet est d'habiter les environs de cette ville, et de couler dans une paisible retraite le reste de mes jours.

AMÉTOPHIS.

Voilà une étrange résolution!

AMASIS.

Elle est invariable.

SABAKON.

C'est là, sans doute, ce que vous voulez que j'annonce au roi?

AMASIS.
Vous avez deviné.

SABAKON.
Sa Majesté ne trouvera pas que vous fassiez acte de bon citoyen.

AMASIS.
Monsieur le prêtre, vous direz au roi que mes efforts n'ayant abouti qu'à me faire perdre la confiance dont il m'avait honoré, je ne puis rester plus long-temps en des lieux qui m'ont été si chers, et qui maintenant n'éveillent plus en moi que des souvenirs pénibles. Vous lui direz que ses bienfaits sont à jamais gravés dans mon cœur; mais je dois céder à l'envie, à mes ennemis...

SABAKON.
Quel langage tenez-vous là ?

AMÉTOPHIS.
Ce n'est pas celui d'un homme raisonnable.

SABAKON.
Que signifient ces boutades ?

AMÉTOPHIS.
Un guerrier, un héros parler de la sorte ! Y songes-tu, Amasis ? la retraite !.. à ton âge !

AMASIS.
Mais...

AMÉTOPHIS.
Je te croyais du caractère...

AMASIS.
Permettez, général...

AMÉTOPHIS.
Tu es sans excuse. Un jeune homme se doit, corps

et ame, à son pays; d'un moment à l'autre, il peut réclamer son bras.

AMASIS.

Vous n'ignorez pourtant pas, général, que c'est pour l'avoir trop bien servi que je me trouve aujourd'hui dans la disgrace; sans mes victoires, je jouirais encore de la faveur de mon maître.

SABAKON.

Mais, où voyez-vous donc que vous l'ayez perdue?

AMASIS.

Puisque vous m'y forcez, je rappellerai un fait. Quand l'expédition de Cyrène a été résolue, d'où vient qu'on m'a préféré Séthos pour commander les troupes? Mes succès récens ne me désignaient-ils pas naturellement au choix du souverain? quels sont les titres de mon rival?

AMÉTOPHIS.

Je m'en doutais!.. De l'ambition déçue!.. Amasis, je le répète, tu n'es pas raisonnable; en bon citoyen, tu devrais plutôt te réjouir de ce qui cause ton affliction, tu devrais être fier pour notre belle patrie de voir qu'elle possède un homme qu'on a cru capable, aussi bien que toi, de la défendre.

AMASIS.

Vous me donnez là un singulier motif de consolation!

SABAKON.

Eh bien, je veux qu'on vous ait fait tort; que le commandement de l'expédition de Cyrène vous revînt de droit, est-ce à votre âge qu'on désespère?

ACTE I, SCÈNE II.

AMASIS.

A mon âge, plus qu'à tout autre, on sait ressentir des affronts.

SABAKON.

Des affronts! Que voulez-vous dire?

AMÉTOPHIS.

Amasis, Amasis, comme tu as l'imagination noire! Excuse ma franchise, mais tu me fais pitié. Dans ma longue carrière, j'ai éprouvé bien des dégoûts, essuyé bien des traverses; m'a-t-on vu pour cela renoncer à servir mon pays? Les années seules pourront m'y contraindre. Défie-toi de cette humeur sombre qui fait que tu tombes si vite dans le découragement...

AMASIS.

Général, ma résolution est prise; j'abandonne à jamais une cour où je ne résiste plus à mes ennuis, depuis que tout y a changé pour moi. C'est à qui m'évitera; ceux qui se disaient mes amis sont les premiers à me fuir. Il semble que la disgrace, en m'atteignant, m'ait rendu pour tous un objet de terreur. Vous-même, général, n'êtes-vous pas bien refroidi à mon égard?

AMÉTOPHIS.

Mon pauvre Amasis, tu me fais une bien vive peine. Tu as été trompé dans ton espoir de commander l'expédition de Cyrène, tu as perdu l'occasion de cueillir de nouveaux lauriers; dans ta douleur, tu t'en prends à tout le monde, tu ne vois partout que des ennemis. Moi-même, je ne suis pas à l'abri de tes reproches, moi qui n'ai cessé de te chérir comme un fils!.. Mais, encore une fois, il ne faut qu'une circonstance pour qu'on t'appelle à d'autres triomphes. Assez comme cela, le temps presse, Sabakon et moi n'avons pas un instant à perdre pour nous rendre auprès du roi. Adieu.

AMASIS.

Prêtre d'Isis, vous n'oublierez pas d'informer Sa Majesté de mon départ.

AMÉTOPHIS.

Et moi, je vous invite à ne pas l'entretenir de de pareille folie.

AMASIS.

Je vous recommande en grace de n'y pas manquer.

AMÉTOPHIS.

Il sera toujours temps de remplir tes intentions.

AMASIS.

Il importe...

AMÉTOPHIS.

Allons-nous-en, Sabakon.

SCÈNE III.

AMASIS, MÉNÈS.

AMASIS.

Pour le coup, Ménès, voilà qui me passe! comment m'expliquer cet intérêt, ces marques de bienveillance? D'où vient ce changement de leur part? La fortune voudrait-elle me sourire de nouveau?

MÉNÈS.

En vérité, tu me donnes parfois envie de rire. Est-ce que tu ne seras jamais homme qu'en face de l'ennemi? car, à la cour, tu es moins qu'une femme.

ACTE I, SCENE III.

Le roi te montre quelque froideur, voilà-t-il pas de quoi se laisser abattre ? Amasis, la faveur est inconstante; elle s'en va comme elle est venue, mais elle revient de même. Si les bruits qui courent sont vrais (et le langage que nous venons d'entendre les confirme), des évènemens graves se préparent, le royaume est menacé des plus grands périls. Ceux qui nous gouvernent savent bien que c'est fait d'eux si les rebelles l'emportent, et leur choix ne peut manquer d'atteindre le plus digne. Laisse donc là tes projets de retraite : comme le glaive qui pend inutile est dévoré par la rouille, le guerrier livré à lui-même succombe bientôt aux ennuis.

AMASIS.

Mais, Ménès, la solitude est devenue pour moi un besoin. J'avais la confiance de mon roi, je l'ai perdue; l'amour de Thaïs pouvait m'offrir des consolations. Or, craignant sans doute la contagion de l'infortune, son père ne veut plus entendre parler de notre hymen. Tu sens que la place n'est pas tenable. Je dois m'éloigner, ou je suis le plus malheureux des hommes. D'ailleurs, on ne s'accommode pas toujours du tumulte des camps, des agitations des cours. La raison s'est fait entendre à la fin, et je n'aspire plus qu'à couler des jours tranquilles dans une heureuse obscurité. Les dignités, les honneurs n'ont plus rien qui me flatte, je romps avec l'intrigue, avec l'ambition; en un mot, je me considère comme arrivé au terme d'un long et fatigant voyage, et désormais je suis étranger aux intérêts, aux passions d'un monde que je méprise.

MÉNÈS.

Oh! oh! te voilà devenu bien philosophe! l'occasion était pourtant belle. On dit que de grands personnages doivent aller trouver le roi et lui représenter que tu es seul capable de sauver le royaume de la crise présente. La fille d'Apriès passe même pour n'être pas étrangère à cette démarche.

AMASIS.

La princesse, dis-tu?

MÉNÈS.

Oui, la belle Nitétis.

AMASIS.

Pas possible! tu es dans l'erreur, la princesse ne s'est jamais intéressée à mon sort. Elle a vu ma disgrace avec indifférence.

MÉNÈS.

Je te rends un bruit, mais je ne le garantis pas. Au reste, il n'a rien qui m'étonne.

AMASIS.

Pourquoi?

MÉNÈS.

Parce que je me suis aperçu que la princesse te voyait d'un œil quelque peu favorable.

AMASIS.

Ménès!

MÉNÈS.

Au dernier bal, je l'observais attentivement, et j'ai pu me convaincre que ses yeux ne te quittaient pas un instant.

AMASIS.

Tu es fou, j'imagine.

ACTE I, SCENE III.

MÉNÈS.

Non, non. Je crois même que, malgré tes chagrins, tu ne laissais pas aussi de t'occuper un peu d'elle. A ta contenance, aux poses que tu prenais, à la grace qui accompagnait chacun de tes gestes, je crus remarquer en toi le désir de lui plaire.

AMASIS.

Se peut-il qu'une pareille idée te soit venue!.... Quoi! tu as supposé que j'élevais ma pensée jusqu'à la fille de mon roi!

MÉNÈS.

J'ignore ce qui trotte par ta tête. Je ne prétends pas davantage lire dans le cœur de Nitétis. Ce que je sais bien, c'est que la manière dont elle s'expliqua n'annonçait rien moins que de l'indifférence.

AMASIS.

Ménès, ton imagination a été trop loin. Tu as attaché trop d'importance à quelques mots qu'il ne fallait attribuer qu'à un pur sentiment de bienveillance.

MÉNÈS.

Je crois ne pas m'être trompé. Au reste, peu importe : tu ne songes pas à la princesse ?

AMASIS.

Non, assurément.

MÉNÈS.

Tu aimes Thaïs ?

AMASIS.

Thaïs !

MÉNÈS.

Oui, n'a-t-elle pas ton cœur ?

AMASIS.

Je trouve qu'elle est vraiment bonne petite personne.

MÉNÈS.

Plus encore, elle est pleine de graces.

AMASIS.

Je conviens qu'elle n'est pas mal.

MÉNÈS.

Dis donc qu'elle est adorable...

AMASIS.

Conviens, Ménès, qu'elle a pourtant quelque chose de peu distingué, j'allais dire de commun.

MÉNÈS.

Je ne suis pas de cet avis.

AMASIS.

Comment un homme de goût, tel que toi, n'est-il pas frappé de tout ce qui manque à Thaïs en voyant la princesse? Voilà une femme bien tournée! quelle grace! quelle dignité!.... et puis, quel goût dans sa parure! comme tout est bien choisi! comme tout est à sa place! quel ensemble ravissant! En présence de tant d'éclat, de tant de charmes, ton imagination n'est-elle pas confondue, attérée?

MÉNÈS.

J'ai les yeux de tout le monde pour voir la princesse, je suis loin de méconnaître les brillans avantages que la nature lui a départis d'une main si prodigue; mais je t'avoue mon faible, Thaïs me plaît davantage.

ACTE I, SCÈNE III.

AMASIS.

Bons dieux! bons dieux! Ménès, que vais-je penser de toi?

MÉNÈS.

Elle a moins d'éclat sans doute; mais sa douce candeur, sa touchante réserve me rendent plus désagréables ces airs superbes et dédaigneux, qui n'abandonnent jamais entièrement Nitétis.

AMASIS.

Tu es dans l'erreur, Ménès. La princesse n'a pas ces airs superbes; mais tu sens bien que la fille d'un roi d'Égypte doit nécessairement mettre plus de dignité dans tout ce qu'elle fait qu'une petite bourgeoise de Saïs.

MÉNÈS.

Je ne conteste pas que cela soit dans les règles; mais tiens, j'ai toujours incliné pour une femme simple et bonne.

AMASIS.

Et moi, j'aime qu'une femme soit vive, bien éveillée. Ces colombes si paisibles sont à faire bâiller tout le jour.

MÉNÈS.

Il n'y a pas à disputer des goûts.

AMASIS.

Ah çà! tu es donc amoureux de Thaïs?

MÉNÈS.

N'en es-tu pas enchanté toi-même?

AMASIS.

J'aime sa gentillesse; mais voilà tout.

MÉNÈS.

Pas davantage?

AMASIS.

Ma foi, non.

MÉNÈS.

En vérité?

AMASIS.

En vérité.

MÉNÈS.

Je puis donc l'aimer tout à mon aise?

AMASIS.

Je ne troublerai pas tes amours.

MÉNÈS.

Tu me rends l'âme; embrassons-nous. Revenons à notre première conversation. Maintenant que le vent de la faveur paraît vouloir souffler vers toi, que tu es le protégé de la princesse, tu ne pars plus sans doute?

AMASIS.

Je suis toujours dans les mêmes intentions.

MÉNÈS.

Diantre! tu n'es pas déraisonnable à ce point?

AMASIS.

Ah! Ménès, pourquoi dissimulerais-je davantage? Tu réveilles en moi ces désirs de gloire et de grandeur qui ont fait mon tourment, et que je croyais éteints à jamais. Quand je t'écoute, les rêves de mes jeunes années reviennent. Tu le sais, à peine je sortais de l'adolescence, déjà la gloire m'agitait; je m'ennuyais de l'existence du vulgaire. Cette vie monotone des Égyptiens m'était insupportable. Contrairement à nos usages, je voulus parcourir les contrées lointaines. Je portai mon humeur errante chez les Éthiopiens, les Arabes, les Assyriens. Dans mes voyages, je visitai la superbe Babylone dont alors le nom retentissait par toute la terre. Le puissant Nabuchodonosor, vainqueur des enfans d'Israël, les avait emmenés captifs dans ses états. J'eus occasion de connaître quelques Hébreux; entre autres, je me liai d'amitié avec un d'eux que des mœurs austères, un langage inspiré rendaient fameux parmi ses compatriotes. Il s'appelait Ezéchiel. Chaque jour, la foule se pressait sur ses pas pour l'entendre; car elle croyait ses paroles prophétiques. Le vieillard ne fut d'abord à mes yeux qu'un imposteur; mais bientôt je connus qu'un Dieu s'exprimait par sa bouche. La ruine de Tyr, qu'il avait annoncée long-temps avant que Nabuchodonosor portât ses armes contre cette reine des mers, acheva de me donner toute confiance en lui. Ezéchiel répétait sans cesse aux peuples que les temps approchaient où l'orgueil du roi d'Égypte serait humilié, où Apriès étonnerait de sa chute les autres rois. Dans l'intimité, il me disait que son Dieu accomplirait par moi de grandes choses, que j'étais appelé à de hautes destinées. Ce qui se passe maintenant me rappelle plus vivement les paroles du vieillard.

MÉNÈS.

Tu es crédule, Amasis. Comment peux-tu supposer qu'un trône aussi solidement assis que celui d'Apriès ait rien à craindre des folles tentatives de quelques hommes perdus? Tu marcheras contre eux, à l'instant leurs soldats sont à toi; car tu leur es toujours cher. Tu vois donc que, malgré quelques apparences, le prophète Ezéchiel pourra bien n'être qu'un radoteur. Ainsi tu nous restes?

AMASIS.

Je suis toujours dans les mêmes intentions.

MÉNÈS.

A ta place, je n'hésiterais pas. La princesse vaut bien la peine qu'on fasse un peu violence à ses goûts.

AMASIS.

Tes plaisanteries sont quelquefois bien déplacées.

MÉNÈS.

Je parle sérieusement, et très-sérieusement. Qui sait? Cette passion pour Nitétis ne sera peut-être pas malheureuse. D'après ce que t'a promis le prophète Ezéchiel, la fille du roi d'Égypte n'est pas un trop haut parti pour toi.

AMASIS.

Ménès! Ménès! épargne-moi, je t'en conjure. Je ne suis pas assez fou de songer à la princesse. Ma résolution d'aller finir mes jours dans la retraite est la même; mais pourtant si Apriès revenait sincèrement de ses préventions contre moi, s'il croyait mon bras absolument nécessaire à l'Égypte, peut-être je ferais taire mes trop justes griefs, je me dévouerais pour le salut commun.

MÉNÈS.

A la bonne heure, j'aime de t'entendre parler ainsi.

AMASIS.

Ne vas pas croire que l'ambition entre pour rien dans ce que je dis...

MÉNÈS.

Ah! fi donc!

AMASIS.

Ni que l'espoir de plaire à la princesse m'excite davantage. Le bien de l'État me déterminerait seul.

MÉNÈS.

J'en suis bien persuadé. J'ai toujours pensé que tu étais trop bon citoyen pour ne pas faire à ton pays le sacrifice de quelques ressentimens. C'est donc avec une véritable joie que je te vois revenu à des idées plus raisonnables. Maintenant les ministres vont sortir de chez le roi, nous ne pouvons manquer de savoir bientôt ce que la fortune a décidé en ta faveur. Mais voici le roi en personne.

SCÈNE IV.

LES PRÉCÉDENS, APRIÈS, SABAKON, NÉKOS, AMÉTOPHIS ET SUITE.

APRIÈS.

C'est vous, Amasis! D'où vient, quand les principaux personnages de ma cour m'apportent, tous les jours, le tribut de leur expérience et de leurs lumières, quand les intérêts de l'État occupent nos momens, que vous seul vous abstenez de paraître devant moi? Je ne reconnais pas là ce zèle dont vous avez fait preuve en d'autres temps.

AMASIS.

Il est vrai, sire, j'évite de me présenter au conseil, mais, j'en atteste les dieux! mon ardeur à servir mon roi n'est pas moins vive, et le plus beau jour de ma vie sera celui où je pourrai le faire voir, même au prix de tout mon sang.

SABAKON.

Sire, les sentimens d'Amasis n'ont pas changé, ce sont toujours ceux d'un sujet fidèle et dévoué, mais quelquefois il attache trop d'importance à des circonstances indifférentes par elles-mêmes. Si on ne lui donne pas autant d'occasions qu'il voudrait de signaler son courage, il s'imagine qu'il a des ennemis qui ne cherchent qu'à lui nuire dans l'esprit de Votre Majesté, il craint que sa présence soit importune et évite de rencontrer les regards de son maître.

APRIÈS.

Rassurez-vous, Amasis; ma confiance en vous est toujours la même. Si les récompenses dues à vos services se sont fait attendre, c'est que j'ai cru stimuler votre zèle en ne satisfaisant pas d'abord tous vos désirs. Mais, puisque vous avez pu croire que j'étais changé, pourquoi ne cherchiez-vous pas à me faire revenir de mes préventions? Parce que mon cœur vous semblait refroidi, vous était-il fermé sans retour?

AMASIS.

Sire, un tel langage a de quoi me confondre, mais si par mes services je puis faire oublier ma faute, Votre Majesté n'a qu'à commander. Quelques obli-

ACTE I, SCÈNE IV.

gations qu'elle m'impose, je n'aurai jamais fait assez pour acquitter la dette de la reconnaissance.

APRIÈS.

Je me plais à croire que vos protestations sont sincères et que je retrouverai en vous le zèle d'autrefois. Apprêtez-vous à m'en donner bientôt un éclatant témoignage.

AMASIS.

Que Votre Majesté parle, son serviteur brûle d'impatience d'accomplir ses ordres.

APRIÈS.

Amasis, une révolte s'est déclarée parmi les troupes envoyées contre Cyrène et elles menacent aujourd'hui le royaume. Les circonstances réclament un homme qui, par sa valeur et ses talens, change la face des choses, sache à la fois arrêter des rebelles et faire repentir les Cyrénéens d'un succès facile qui a enflé leur orgueil. Amasis, j'ai jeté les yeux sur vous. Personne en Égypte ne m'a paru plus propre à remplir dignement cette mission glorieuse. En conséquence, je vous nomme général de toutes mes troupes. Vous allez rassembler celles qui se trouvent dans Saïs et dans les villes environnantes; d'autres plus éloignées ne tarderont pas à vous rejoindre. J'espère apprendre avant peu que vous avez répondu à mon attente. Mais d'où vient que vous demeurez immobile et muet? Pourquoi cette indifférence? La gloire n'a-t-elle plus d'attraits pour vous?

AMASIS.

Sire, quand vous m'appelez à l'honneur de commander, pour la seconde fois, vos armées, je ne puis oublier qu'il a été pour moi la source des chagrins les plus amers. Je tremble d'exciter de nouveau l'envie et de courir encore la chance de perdre vos bonnes graces. C'est donc du fond de mon cœur que je prie Votre Majesté de confier à un autre un fardeau trop lourd pour mes épaules. D'ailleurs, mes succès passés me rassurent faiblement.....

APRIÈS.

Que dites-vous, Amasis? Est-ce là ce dévouement qui n'attendait que l'occasion d'éclater?... Allez où ma volonté vous appelle et si vous avez des ennemis, comptez un peu plus sur moi. Puisqu'il faut absolument que je vous donne un gage de l'amour que je vous porte, connaissez donc la récompense qui vous attend à votre retour. J'ai une fille qui unit aux avantages de la naissance les plus heureux dons de la nature. Elle doit hériter quelque jour de mon sceptre; revenez vainqueur, elle est à vous!

AMASIS.

Ciel!

AMÉTOPHIS (à part).

Voilà une rivale dangereuse pour ma fille!

APRIÈS.

Amasis, vous ne répondez pas?

AMASIS.

Ah! sire, le devoir et plus encore la reconnaissance m'imposaient déjà de verser tout mon sang pour vous, mais aujourd'hui comment pourrai-je m'acquitter? Désormais tout me semble facile. Bientôt, j'aurai vu les rebelles ; c'est en vain qu'ils nourrissent de folles espérances, ils devront renoncer à leurs projets criminels, ou mon glaive ne tardera pas à les punir. La joie du Cyrénéen sera de courte durée aussi. Avant peu, nos phalanges victorieuses auront dompté son orgueil, ses remparts tomberont devant nous et la fille des rois connaîtra ce dont est capable le mortel qu'elle inspire.

APRIÈS.

Partez, et que les effets répondent aux paroles. Maintenant allons aux temples prier les dieux d'assurer le triomphe de nos armes.

SCÈNE V.

AMASIS, MÉNÈS.

AMASIS.

Rêvé-je?... une illusion m'abuse-t-elle? Mais non, mes yeux, mes oreilles ne m'ont pas trompé. Mon bonheur est certain. Ainsi donc une princesse qui a dédaigné tant de rois, fille elle-même du plus superbe, du plus puissant des rois, me serait unie par l'hymen !... Cet amour que j'enfermais dans le fond de mon cœur, aujourd'hui je puis l'avouer à la face de l'univers !... Et ce trône où s'assied Apriès, je l'occuperais un jour ! moi !...

MÉNÈS.

Que fais-tu là? Est-ce que tu ne vois pas que tout le monde se porte aux temples?

####### AMASIS.

Ah! c'est vrai; mais il y a de ces momens où les choses d'ici-bas font un peu négliger les dieux.

####### MÉNÈS.

Ce n'est pourtant pas le cas d'être ingrat.

####### AMASIS.

Allons.

FIN DU PREMIER ACTE.

ACTE DEUXIÈME.

(Une plaine du territoire de Cyrène entre le camp d'Amasis et celui de Manéthon.)

SCÈNE PREMIÈRE.

AMASIS, MÉNÈS, SOLDATS.

AMASIS.

Te voici, Ménès ! Qu'a répondu Manéthon ? consent-il à l'entrevue proposée ?

MÉNÈS.

Au moment où nous parlons, il doit être en route pour nous joindre.

AMASIS.

Eh bien, crois-tu qu'on s'arrange ?

MÉNÈS.

Manéthon m'a déclaré qu'il ne poserait les armes qu'après avoir renversé le tyran.

AMASIS.

Paroles ! et rien de plus. Quand viendra le moment d'agir, lui et ses complices seront moins fiers. Ils savent trop qu'ils ne peuvent pas compter sur leurs soldats.

MÉNÈS.

Amasis, leurs soldats pourraient bien n'être pas aussi favorablement disposés pour nous que tu le penses. Ils ont pris les armes contre Apriès, et ne voyant qu'un ennemi de plus dans son gendre futur, ils s'obstineront dans leur révolte.

AMASIS.

Si tu dis vrai, après avoir essayé de les ramener, je n'hésiterai plus à punir des rebelles.

MÉNÈS.

Tu sais que ces rebelles ont vieilli dans les combats, qu'ils ont à leur tête un général habile. Tu n'oublies pas non plus que tu n'as à leur opposer que des forces bien inférieures.

AMASIS.

La victoire ne me paraît pas moins certaine.

MÉNÈS.

Tu comptes beaucoup sur ton nom.

AMASIS.

Pourquoi ce langage, Ménès ? la crainte aurait-elle pénétré dans ton cœur ?

MÉNÈS.

Les rebelles ne peuvent se dissimuler qu'ils jouent le tout pour le tout. Ils savent qu'Apriès n'oubliera jamais leur crime; mais que, s'ils sont vainqueurs, ils disposeront de l'Égypte à leur gré. Quand des gens de cœur se trouvent dans l'alternative de vaincre ou de périr, leurs ennemis ont tout à craindre.

AMASIS.

C'est-à-dire que la victoire sera disputée; mais rarement on n'achète pas son triomphe. Comptons un peu plus sur nos épées et sur la fortune, qui ne manque jamais à qui sait oser à propos. Vainqueur, une gloire éternelle m'attend, et la fille de mon roi est le prix de mon courage; vaincu, la mort n'aura rien d'effrayant pour moi, je saurai la regarder en face. Oui, Ménès, si mes soldats ne manquent pas à leur général, ils connaîtront qu'ils m'ont à leur tête; je serai moi-même.

MÉNÈS.

Malheureusement, je doute qu'ils se battent volontiers pour un roi qu'ils n'aiment pas, et contre des frères plus nombreux qui ne leur cèdent pas en vaillance.

AMASIS.

Tais-toi, tu n'es qu'un trembleur. Les choses se passeront mieux que tu ne penses. J'aperçois nos hommes. Dieux! tous anciens camarades! Manéthon, Cébès, et tant d'autres!...

SCÈNE II.

LES PRÉCÉDENS, MANÉTHON, CÉBÈS, OFFICIERS ET SOLDATS DES DEUX ARMÉES.

MANÉTHON.

Demeurez, amis. Toi, Cébès, sois attentif au signe que je ferai... Salut, Amasis!

AMASIS.

Arrête, Manéthon; je ne vois plus en toi qu'un rebelle. Un temps, nous avons été amis; mais aujourd'hui nous sommes armés l'un contre l'autre.

MANÉTHON.

Pourquoi rappeler ce que nous devrions oublier pour l'instant? l'heure du combat n'a pas encore sonné, jusque-là soyons encore amis.

AMASIS.

Ah! Manéthon, que ta présence m'affecte péniblement! Que les souvenirs qu'elle rappelle ont pour moi d'amertume ! Où est le temps que tu étais le compagnon de mes périls ? Qui m'eût dit alors qu'un jour tu marcherais contre ton roi ?

MANÉTHON.

Amasis, mon amour pour toi n'a pas faibli, mon cœur n'a pas changé ; seulement je n'ai pas séparé ma cause de celle de nos soldats, qu'Apriès envoyait périr sur cette plage aride. Souviens-toi qu'ils n'ont excité sa haine jalouse que pour avoir vaincu sous tes ordres. Comment donc as-tu consenti à tirer l'épée contre eux ? Peux-tu songer à les punir d'avoir regretté leur général ?

AMASIS.

Jamais l'amour des soldats ne m'a trouvé insensible, toutefois parce qu'ils ont cédé aux suggestions perfides de quelques instigateurs, dois-je aussi manquer à mes devoirs envers mon roi ? Les circonstances veulent que je sois appelé à réprimer une sédition coupable, je gémis d'avoir à sévir contre ceux qui ont partagé mes périls et ma gloire, et c'est avec une profonde douleur que j'ai quitté Saïs ; mais que peut un sujet contre la volonté d'un maître justement irrité ?

MANÉTHON.

Ainsi tu n'hésites pas à remplir ton affreuse mission ! tu as soif du sang de ceux à qui tu dois ton élévation !

AMASIS.

Je sais ce que je dois aux soldats ; mais mon roi n'a-t-il pas eu de part aussi à ma fortune ? Cependant, je ne veux être ingrat envers personne.

ACTE II, SCENE II.

Avant de châtier des rebelles, j'essaierai de ramener des frères qui ne sont peut-être qu'égarés. La victoire la plus brillante, acquise au prix de leur sang, n'a rien qui me séduise. Tu sais déjà, sans doute, quelle récompense attend mes services, si je dompte la rébellion et reviens vainqueur de Cyrène? Redevenez sujets fidèles, unissez-vous à nous contre les Cyrénéens, Apriès oubliera votre conduite passée pour ne plus se rappeler que vos derniers triomphes. Vous serez maintenus dans vos rangs et honneurs, élevés même à de plus brillans. Apriès ne refusera pas à celui dont il veut faire son gendre, de ratifier un accord qui lui aura rendu une armée si terrible aux ennemis du royaume.

MANÉTHON.

Désormais, nous ne reconnaissons plus Apriès. Quant aux Cyrénéens, ils sont nos alliés, leur cause est la nôtre, nous ne les abandonnerons pas.

AMASIS.

Ah! Manéthon, comme une première faute en entraîne une autre! D'abord tu avais cru ne faire que te révolter contre ton roi; aujourd'hui, pour soutenir une agression criminelle, tu songes à introduire l'étranger dans l'Égypte. Malheureuse patrie! n'avais-tu pas assez des fureurs de tes enfans, sans que d'autres vinssent encore ajouter à tes douleurs!

MANÉTHON.

C'est bien à toi de t'apitoyer sur les maux de ton pays! Si une guerre affreuse, une guerre impie vient ravager nos cités, qui l'aura causée? Sois à nous, le tyran n'a plus de forces à opposer à nos armées combinées, la victoire n'est plus douteuse. Que dis-je? rien ne peut dès-lors arrêter notre marche, la fuite seule reste au lâche Apriès...

AMASIS.

Qu'entends-je? Tu oses me proposer de joindre mes troupes à celles des rebelles!

MANÉTHON.

Songe que le sort de l'Égypte est dans tes mains; songe qu'il dépend de toi de sauver la vie à des milliers de braves...

AMASIS.

Manéthon, je croyais que le souvenir de l'amitié qui nous a unis aurait donné plus de poids à mes paroles; j'avais trop présumé d'elles. Tu le veux; eh bien, les armes décideront. Souviens-toi qu'il est temps encore de rentrer en grace avec ton roi. Si tu te rends à mes raisons, il oubliera ton crime, il ne verra que ton repentir... Mais si tu ne cèdes qu'à la force, si tu fais couler inutilement des flots de sang, tu as tout à craindre de son juste ressentiment.

MANÉTHON.

Ne cherche pas à m'inspirer une crainte que je ne puis avoir. Je commande à des braves, et la colère du tyran est impuissante contre nous. Mais, quand le ciel ne favoriserait pas la plus juste entreprise, quand la victoire nous échapperait, la vengeance d'Apriès ne m'effraierait pas.

AMASIS.

Au nom des dieux! Manéthon, ne t'obstine pas

dans une rébellion coupable; ne me force pas à verser le sang de soldats qui me sont chers, évite-moi de te voir périr par suite de ma victoire; car, si le combat t'épargne, Apriès tranchera infailliblement le cours d'une vie dont le reste pourrait être employé si utilement pour la patrie. Si la mort n'a rien qui t'épouvante, du moins n'empoisonne pas mes jours que ton malheureux sort troublerait à jamais; entends la voix d'un ami qui te conjure de ne pas te perdre volontairement...

MANÉTHON.

Amasis, l'amour qui respire dans ton langage est bien fait pour toucher mon cœur, mais il n'est donné à personne de nous ramener sous le sceptre d'Apriès. Vainement tu cherches à nous faire peur des supplices qui nous attendent, si nous ne nous laissons persuader; oublies-tu que tu parles aux premiers soldats du monde? S'ils n'ont point à leur tête l'homme qui a commencé leur gloire, celui qui les guide aujourd'ui n'est pas non plus un guerrier obscur et privé d'expérience; et les motifs qui les animent ont doublé leur ardeur. Tu t'abuses quand tu crois si facile de nous punir. Avant tout, tu as à vaincre; et il se peut qu'au lieu des palmes que tu te promets, tu ne trouves ici qu'un tombeau.

AMASIS.

Les dieux, qui me cachent ma destinée, tiennent la vôtre également obscure; mais j'ai confiance dans la justice de ma cause. Ils ne permettront pas que celui qui défend son roi et son pays, voie ses lauriers flétris par des rebelles.

AMASIS.

MANÉTHON.

Et moi, je ne puis croire qu'ils souffrent plus long-temps sur la terre un tyran qui la fait gémir. Si le sang égyptien doit couler, le triomphe de notre cause sera plus difficile; mais il n'est pas moins certain.

AMASIS.

Puisque mes raisons ne peuvent te persuader, il est inutile de prolonger cet entretien.

MANÉTHON.

Si décidément nous devons livrer la bataille, l'heure de combattre sonnera toujours assez tôt pour le malheur de l'Égypte. Amasis, j'en suis sûr, ton cœur saigne à l'idée que nos soldats soient prêts à tourner les uns contre les autres des mains homicides. Quand la gloire que peut donner une victoire remportée sur des frères ne te fait pas horreur, c'est que l'orgueil t'enivre; c'est que tu te vois, au retour de la campagne, l'heureux époux de la fille d'Apriès.....

AMASIS.

Nul doute qu'un tel prix n'ajoute encore à l'ardeur de mon zèle.

MANÉTHON.

Oui, si le tyran n'eût par son alliance flatté ton ambition, cette guerre alors t'aurait paru affreuse.

AMASIS.

Jamais je n'aurais marché avec des rebelles.

MANÉTHON.

Tu aurais, comme nous, secoué le joug d'un despote ombrageux. Mais enfin, sois à nous, nous paie-

ACTE II, SCENE II.

rons tes services d'un prix plus élevé que celui qu'y a mis Apriès. Nous pouvons faire pour toi plus encore que n'a fait le tyran.

AMASIS.

Que ferez-vous donc?

MANÉTHON.

Nous te ferons roi.

AMASIS.

Roi!

MANÉTHON.

Oui, roi. A l'instant tu seras proclamé. Une fois les deux armées réunies, Apriès n'a plus de forces à nous opposer; nous entrons dans Saïs, et l'Égypte t'obéit.

AMASIS.

As-tu la tête à toi?

MANÉTHON.

Ce que j'ai dit est bien simple.

AMASIS.

Comment?... Tu me parles d'occuper le trône d'Apriès?

MANÉTHON.

Ni plus, ni moins.

AMASIS.

Me crois-tu fou?

MANÉTHON.

Tu l'es certainement si tu refuses.

AMASIS.

Quoi? un soldat régnerait!..... et Apriès descendrait du trône qu'ont illustré ses aïeux!.... Ménès, que te semble de la proposition que me fait Manéthon?

MÉNÈS.

C'est une proposition comme une autre.

AMASIS.

Mais enfin?

MÉNÈS.

Je trouve qu'elle mérite considération.

AMASIS.

Allons, et toi aussi!...

MÉNÈS.

Une couronne est belle.

AMASIS.

Mais, au prix d'une couronne, puis-je me couvrir d'infamie? puis-je montrer tant d'ingratitude envers Apriès? Ah! Ménès!

MANÉTHON.

N'est-ce que la crainte de paraître ingrat qui t'arrête?... Apriès s'est-il donc piqué de tant de reconnaissance à ton égard? Comment a-t-il payé tes services au retour de la campagne de Sidon?

AMASIS.

Il est vrai qu'alors j'eus lieu de me plaindre, mais aujourd'hui tout est réparé et plus que réparé.

MANÉTHON.

Aujourd'hui il t'accorde la main de sa fille, mais n'as-tu pas à craindre qu'il t'ait flatté d'une promesse qu'il ne tiendra pas?

AMASIS.

Que dis-tu? La promesse de mon roi serait vaine!...

MANÉTHON.

Les rois se croient-ils enchaînés par leur parole?

ACTE II, SCENE II.

AMASIS (à part).

S'il disait vrai pourtant!

MANÉTHON.

Songe bien, Amasis, que tu comptes sur une récompense plus qu'incertaine; mais la couronne que nous t'offrons, à l'instant tu la tiens, car, une fois salué roi par les deux armées, tu n'as plus d'obstacle à redouter.

AMASIS.

La promesse de mon roi a été solennelle; il y aurait honte à moi de douter qu'elle soit accomplie. Quant au trône, ne doit-il pas un jour m'appartenir? Est-il besoin que je l'achète par une ingratitude aussi noire envers le plus généreux des bienfaiteurs?

MANÉTHON.

Ce trône, tu ne l'auras jamais si tu n'y montes par notre volonté. Amasis, si j'insiste pour que tu consentes à devenir notre roi, c'est que je veux épargner à l'Égypte des discordes, c'est que nul ne me paraît plus digne de tenir le sceptre de Sésostris; mais si tu nous forces à combattre, la victoire nous est assurée, car les dieux qui punissent l'orgueil des tyrans, les dieux vengeurs sont avec nous.

MÉNÈS à Amasis.

« Et puis, entre nous soit dit, quand tu serais
« vainqueur, la mort d'Apriès se fera peut-être at-
« tendre long-temps..... Il ne faut pas te faire illu-
« sion. »

AMASIS.

« Comment veux-tu qu'Apriès soit encore long-

« temps conservé à l'amour de ses proches?... N'est-
« il pas chargé d'ans? »

MÉNÈS.

« Il est vieux, mais encore vert, et la mort pour-
« rait bien te frapper toi-même sur le pied du trône.
« Ces vieillards s'en vont si difficilement! »

MANÉTHON.

Tu parais pensif, Amasis? Mes paroles t'auraient-
elles persuadé?

AMASIS.

Elles ont été suivies de quelque étonnement sans
doute, mais tu ne réussiras pas à faire de moi un
traître.

MANÉTHON.

Quoi! de vains scrupules te retiendront du côté
d'Apriès, et quand il s'agit de verser le sang de
soldats à qui tu dois tes triomphes, tu n'hésites pas?

AMASIS.

Les Dieux, qui lisent dans mon cœur, savent combien il est déchiré!

MANÉTHON.

Prouve donc à tes soldats qu'ils n'ont pas fait un
ingrat. Allons, tu es ému, je le vois... dis, tu consens à te joindre à nous?

AMASIS.

Mais cette couronne... l'armée la verra-t-elle avec
plaisir sur ma tête? Es-tu sûr de tes soldats?

MANÉTHON.

Tu vas être salué de leurs acclamations.

AMASIS.

Et les nôtres, Ménès, que diront-ils?

ACTE II, SCENE II.

MÉNÈS.

Tu veux donc bien être roi?

AMASIS.

Moi? mais pas du tout... La reconnaissance, le devoir...

MÉNÈS.

Allons, allons, tu capitules.

AMASIS.

Je ne consens à rien,

MÉNÈS.

Nos soldats abhorrent le gouvernement d'Apriès. Ils feront comme ceux de Manéthon. Ainsi, règne sur nous.

AMASIS.

Jamais je n'occuperai le trône d'Apriès.

CÉBÈS.

Au nom de l'armée, je proclame Amasis roi d'Égypte.

(Il met une couronne sur sa tête.)

TOUS.

Vive Amasis! vive le roi d'Égypte!

AMASIS.

Arrêtez! que faites-vous?

TOUS.

Vive Amasis! vive le roi!

AMASIS.

Mes amis, n'attirez pas sur ma tête le courroux céleste. Les dieux punissent les ingrats, les ambitieux...

MANÉTHON.

Les dieux! ils ont déjà parlé.

AMASIS.

AMASIS.

Comment?

MANÉTHON.

Avant de penser à te faire notre roi, j'ai envoyé consulter l'oracle de Jupiter-Ammon. Le dieu veut que tu règnes.

AMASIS.

Quoi! l'oracle!...

MANÉTHON.

L'oracle l'a dit.

MÉNÈS.

D'ailleurs le prophète Ézéchiel ne t'avait-il pas annoncé quelque chose dans ce genre?

AMASIS.

J'ai une idée confuse...

MÉNÈS.

Règne donc sur nous, le ciel l'exige. Ézéchiel, Jupiter méritent bien qu'on les croie.

AMASIS.

Du moment que les dieux ont prononcé, je n'ai plus rien à objecter.

SOLDATS.

Vive Amasis! vive le roi d'Égypte!

MÉNÈS, à part.

Ce diable d'homme se faisait tirer l'oreille.

AMASIS.

Mes amis, calmez vos transports d'allégresse...

MANÉTHON.

Pourquoi tairaient-ils la joie qu'ils éprouvent? Ils allaient se battre; maintenant ils s'embrassent; souffre qu'ils bénissent ton nom.

ACTE II, SCENE II.

SOLDATS.

Vive Amasis! vive le roi!

MANÉTHON.

Ah çà, tout va pour le mieux, néanmoins nous ne sommes pas encore au bout de nos peines. Ainsi ne nous endormons pas. Les esprits paraissent favorablement disposés ici, mais il est possible qu'ailleurs l'enthousiasme ne soit pas aussi chaud. Il convient donc, pour l'exciter, que nous parcourions les rangs des deux armées.

AMASIS.

Il me semble pourtant que nous n'avons rien à désirer. Les acclamations qui retentissent de tous côtés, la joie qui rayonne sur tous les fronts, attestent assez que les soldats approuvent mon élection.

MANÉTHON.

N'importe, il est toujours bon de se précautionner contre les accidens. On ne fait pas un roi sans faire aussi des mécontens. Il ne faut que quelques meneurs un peu actifs pour causer une réaction qui nous soit funeste. Sachons donc les prévenir. En te montrant partout, tu feras taire les intrigans. Tous leurs beaux discours ne tiendront pas contre ta présence.

MÉNÈS.

Manéthon a raison. Allons, sans plus tarder.

AMASIS.

Allons.

MANÉTHON.

Cébès, reste ici pour entretenir le feu sacré.

(*Cébès se mêle aux soldats qui occupent le fond de la scène, va de l'un à l'autre et cause amicalement avec eux.*)

SCÈNE III.

CÉBÈS, OFFICIERS, SOLDATS.

PREMIER OFFICIER.

Eh! camarade, tu parais soucieux! Est-ce que tu ne prends pas part à la joie générale?

DEUXIÈME OFFICIER.

Qu'y a-t-il donc de si réjouissant dans ce qui se passe?

PREMIER OFFICIER.

Comment? deux armées d'Égyptiens allaient s'égorger, voilà que tout s'arrange et on s'embrasse; il me semble que c'est quelque chose.

DEUXIÈME OFFICIER.

Sans doute, mais comment a-t-on obtenu un pareil résultat?

PREMIER OFFICIER.

Eh bien, on a fait Amasis roi. Nous ne voulions plus d'Apriès, pouvions-nous lui donner un plus digne successeur?

DEUXIÈME OFFICIER.

De quel droit Manéthon, Ménès et autres se sont-ils avisés de le choisir?

PREMIER OFFICIER.

Mais c'est l'armée entière qui a proclamé Amasis.

DEUXIÈME OFFICIER.

Dis plutôt que quelques chefs ont arraché des acclamations par surprise et imposé leur choix à l'Égypte entière.

PREMIER OFFICIER.

Je conviens que les choses auraient pu se passer

d'une manière plus régulière; mais, pour éviter que le sang fût versé, il fallait gagner Amasis; et si, pour gagner Amasis, on a dû lui offrir un trône, qui osera blâmer Manéthon d'avoir agi comme il l'a fait?

DEUXIÈME OFFICIER.

Ce qui importait avant tout au pays, c'était d'avoir un souverain de son choix. Si, pour y parvenir, il y avait nécessité de passer sur le corps aux soldats d'Apriès, il ne fallait pas hésiter à le faire.

TROISIÈME OFFICIER.

Touche là, mon brave : tu parles comme un vrai Égyptien.

DEUXIÈME OFFICIER.

Amasis venait pour châtier ce qu'il appelait notre rébellion. Vainqueur, il aurait rivé nos fers; et c'est l'homme qu'on choisit pour régner sur nous!

TROISIÈME OFFICIER.

Il est certain que ses antécédens ne doivent pas nous rassurer.

PREMIER OFFICIER.

Il faut toujours faire la part des circonstances. Or, je soutiens que, dans celles où nous nous trouvons, aucun homme n'était plus propre qu'Amasis à nous épargner le fléau de la guerre civile.

DEUXIÈME OFFICIER.

Et moi, je soutiens que son élection est nulle de plein droit.

TROISIÈME OFFICIER.

Je partage ton opinion; et beaucoup de nos camarades pensent comme nous, j'en suis bien sûr.

PLUSIEURS.

Oui, oui.

TROISIÈME OFFICIER.

Il n'y a que ceux à qui il a promis tous les honneurs et toutes les dignités qui soient d'un avis contraire.

DEUXIÈME OFFICIER.

Mes amis, avez-vous du cœur? Êtes-vous capables d'une résolution?

TROISIÈME OFFICIER.

Parle; nous t'écoutons.

DEUXIÈME OFFICIER.

Je veux savoir d'abord si je puis compter sur vous?

PLUSIEURS.

Tu le peux.

TROISIÈME OFFICIER.

Parle sans crainte.

DEUXIÈME OFFICIER.

Mes amis, nous devons proclamer hautement nos sentimens; nous devons protester contre l'élection qui vient d'être faite.

PREMIER OFFICIER.

Avant de donner le signal de la discorde, il serait bon de songer un peu aux conséquences de ce que vous allez faire.

DEUXIÈME OFFICIER.

Débarrassons-nous d'un usurpateur. Le reste ira tout seul.

PREMIER OFFICIER.

Mais.....

ACTE II, SCENE III.

DEUXIÈME OFFICIER.

Est-ce que tu n'es pas patriote? Est-ce que tu veux lutter contre tous?

PREMIER OFFICIER.

Si l'armée pense comme vous, je me tais.

CÉBÈS (du fond de la scène).

Qu'est-ce que ce tapage que j'entends là-bas?

TROISIÈME OFFICIER.

Mais, quand nous aurons déposé Amasis, qui mettrons-nous à sa place?

CÉBÈS (à part).

Qui mettrons-nous à sa place?

TROISIÈME OFFICIER.

Car, pour lui, je suis d'avis qu'il n'y faut plus penser.

CÉBÈS (à part).

Il n'y faut plus penser!

TROISIÈME OFFICIER.

Pour nous en défaire plus facilement; il conviendrait de lui opposer quelqu'un.

CÉBÈS (à part).

Il est évident qu'on conspire; écoutons.

DEUXIÈME OFFICIER.

Eh! mes amis, serons-nous donc toujours les mêmes hommes? Serons-nous toujours prêts à recevoir des chaînes, à ramper sous un maître?

CÉBÈS (à part).

Oh! oh! c'est un républicain qui parle.

DEUXIÈME OFFICIER.

Parce que jusqu'à nos jours il y a eu des rois en Égypte, parce qu'on a vu la foule obéir à leurs moindres caprices, est-il dit que les choses doivent se passer ainsi éternellement? Amasis peut bien rester soldat sans que nous soyons obligés d'en porter un autre sur le trône d'Apriès.

PREMIER OFFICIER.

Qui est-ce donc qui gouvernera?

DEUXIÈME OFFICIER.

Le peuple.

PREMIER OFFICIER.

Le peuple?

DEUXIÈME OFFICIER.

Oui, le peuple. Il gouvernera par des magistrats qu'il saura bien choisir lui-même.

CÉBÈS (à part).

Qu'est-ce que j'entends? justes dieux! Suis-je en Égypte?

DEUXIÈME OFFICIER.

Amis, il faut se prononcer. Reconnaissez-vous pour roi celui qu'ont proclamé quelques intrigans?

TROISIÈME OFFICIER.

Non, ma foi.

PLUSIEURS.

Non, non.

DEUXIÈME OFFICIER.

Alors vous devez le lui signifier.

CÉBÈS (à part).

Ça va mal, ça va mal. J'aperçois Amasis, je vais l'informer de ce qui se passe; car s'il tombait dans ce groupe de séditieux, mal pourrait lui en prendre. Le voici.

DEUXIÈME OFFICIER.

Egyptiens, l'occasion est belle; sachez conquérir votre liberté.

TROISIÈME OFFICIER.

Il ne s'agit que de vouloir. Vive la nation !

PLUSIEURS.

Vive la nation !

SCÈNE IV.

LES PRÉCÉDENS, AMASIS, MANÉTHON, MÉNÈS, OFFICIERS, SOLDATS.

AMASIS.

Qu'est-ce que tu m'apprends, Cébès ?

CÉBÈS.

Sire, entendez-vous ces cris ? Voyez-vous ce groupe ?

MÉNÈS.

Effectivement, il paraît mal disposé pour nous.

AMASIS.

Est-il possible ?

PLUSIEURS.

A bas l'usurpateur ! A bas !

DEUXIÈME OFFICIER.

Au nom de l'armée, je proteste contre l'élection d'un roi.

PLUSIEURS.

A bas l'usurpateur ! A bas le tyran !

AMASIS.

Diable ! comme tout est changé ! Comme on m'arrange !

MANÉTHON.

En avant!

AMASIS.

En avant? Dirait-on pas que nous allons à la noce? Il convient mieux, ce me semble, de battre en retraite.

MANÉTHON.

Est-ce que tu vas te laisser effrayer par quelques criards? En avant et du courage! Nous en aurons bon marché.

PLUSIEURS.

Vive la Nation!

MANÉTHON.

Oui, mes amis, vive la Nation!

DEUXIÈME OFFICIER.

Vive la République!

MANÉTHON.

Comment? la république! Est-ce que nous ne venons pas de nommer un roi?

TROISIÈME OFFICIER.

C'est vous qui l'avez nommé.

AMASIS.

Que diable! Si je ne me trompe pas, c'est Asychis que je vois? Comment, l'ami, c'est toi qui fais le récalcitrant?

TROISIÈME OFFICIER.

Nous demandons que la volonté générale soit légalement constatée.

AMASIS.

Les soldats ont décidé; qu'ils parlent.

SOLDATS.

Vive Amasis! Vive le roi d'Égypte!

AMASIS.

Ces acclamations te persuadent-elles?

TROISIÈME OFFICIER.

Ce n'est pas ainsi qu'on procède à une élection.

AMASIS.

Allons donc, camarade. Est-ce que pour de vaines formalités on doit compromettre le salut du pays?

TROISIÈME OFFICIER.

Nous ne voulons pas de roi, nous voulons une république.

AMASIS.

Une république! y songes-tu, Asychis? Un homme de sens comme toi peut-il rêver pareille chimère?.. Une république en Égypte!.. Nos institutions, nos mœurs y répugnent.

TROISIÈME OFFICIER.

N'importe; vive la République!

AMASIS.

Asychis, du calme, et raisonnons un peu. Veux-tu que je t'ouvre mon cœur? Eh bien, je suis républicain aussi, moi. Personne ne l'est plus sincèrement en Égypte; mais, dans les circonstances où nous nous trouvons, je fais taire mon opinion devant l'intérêt général. Si j'ai consenti à devenir votre roi, c'est que j'ai voulu éviter au pays les horreurs d'une guerre civile. Un trône n'a rien qui me flatte. Je préfère mille fois les douceurs de la vie privée à tout l'éclat des grandeurs. Aussi, en me rendant au vœu de l'armée, j'ai cru faire acte de dévouement, car je me vois dans la nécessité de renoncer à une existence tranquille, et à des goûts simples qui m'ont toujours paru suffire au bonheur. Un autre vous paraît-il plus digne de régner? Faites-le connaître, je résignerai volontiers dans ses mains ce sceptre qu'on m'envie.

TROISIÈME OFFICIER.

Nous ne disons pas qu'un autre soit préférable.

AMASIS.

Alors donc, pourquoi ces clameurs? pourquoi cette opposition haineuse? Mes amis, ne cherchez pas à me faire sentir déjà tous les désagrémens attachés à la royauté; je ne les connaîtrai que trop tôt. Et puis, parce que votre ancien général remplace Apriès, pensez-vous que le soldat en soit plus à plaindre? pensez-vous que j'oublie jamais mes compagnons d'armes? Non, ils ne sortiront pas de ma mémoire ceux dont le sang a coulé avec le mien sur les champs de bataille. Les services rendus au pays me sont présens; les vôtres particulièrement, Asychis, et ils ne seront pas payés d'ingratitude.

TROISIÈME OFFICIER.

Je suis persuadé que l'armée n'aurait qu'à se louer de toi; mais...

MÉNÈS.

Que voulez-vous donc?

DEUXIÈME OFFICIER.

Nous avons pris les armes contre un tyran, qui nous assure que nous n'aurons pas à les prendre bientôt contre Amasis?

AMASIS.

Je ne puis oublier que je dois tout à la Nation,

ACTE II, SCENE IV.

qu'elle ne m'a fait roi que dans l'espoir que je la gouvernerais sagement.

DEUXIÈME OFFICIER.

Une fois affermi sur le trône, tu ne te souviendras plus de rien.

AMASIS.

Une pareille supposition est injurieuse.

DEUXIÈME OFFICIER.

Nous avons appris à nous défier.

TROISIÈME OFFICIER.

Oh! c'est bien vrai.

PREMIER OFFICIER.

Il y a moyen d'arranger les choses. Qu'Amasis règne sur nous, mais qu'il prenne l'engagement de nous donner une constitution vraiment libérale.

MANÉTHON.

A la bonne heure, voilà un homme raisonnable.

AMASIS (à Ménès).

A quoi bon une constitution? La nation doit avoir confiance en moi.

MÉNÈS.

Il faut faire quelque concession à des enragés, autrement nous courons risque de gâter tout.

AMASIS.

Je ne veux pourtant pas être un mannequin couronné.

MÉNÈS.

Je conçois que tu aimes mieux régner selon le bon plaisir; mais, puisqu'ils s'entêtent à avoir un roi constitutionnel, tu dois prendre ton parti et te résigner. Quoi qu'ils fassent, nous saurons bien leur jeter de la poudre aux yeux.

AMASIS.

J'en passerai donc par là.

PREMIER OFFICIER.

Qu'Amasis reconnaisse qu'il tient tout du peuple souverain, qu'il garantisse nos libertés.

DEUXIÈME OFFICIER.

Bah! bah!

AMASIS.

Je jure que vos désirs seront accomplis et que je ne régnerai que par des lois.

OFFICIERS ET SOLDATS.

Bien, très-bien. Vive Amasis! vive le roi d'Égypte!

MANÉTHON (à part).

Nous voilà sortis d'un mauvais pas. (Au troisième officier:) Eh! camarade, tu dois être satisfait? Avec une constitution, nous nous passerons bien de république, j'espère?

TROISIÈME OFFICIER.

Il me semble pourtant que si, à toute force, on voulait un roi, on aurait d'abord dû rédiger cette constitution.

MANÉTHON.

De bonne foi, pouvait-on l'improviser sur l'heure et en plein champ? Les sermens d'Amasis ont été faits à la face du ciel et en présence des soldats, c'est assez comme cela. Amasis est homme d'honneur.

TROISIÈME OFFICIER.

Qu'il règne donc, puisque c'est le vœu de l'armée,

mais qu'il n'oublie jamais que c'est nous qui l'avons élevé sur le trône; ou bien nous saurons l'en faire descendre.

AMASIS (à part).

Ce rustre-là se taira-t-il bientôt?

PREMIER OFFICIER.

Je demanderai que le souverain s'appelle Amasis Ier et non Amasis III, car vous savez qu'autrefois deux Amasis ont régné sur l'Égypte; mais il faut qu'il soit clair pour tous qu'on en a fini avec les rois de l'ancien régime, et établir une ligne de démarcation entre eux et notre ère nationale.

MANÉTHON.

Nous ne pouvons revenir sur le passé, ni faire que deux Amasis n'aient régné dans les temps antiques. N'embrouillons donc pas l'histoire à propos de rien.

AMASIS.

Manéthon, votre raisonnement peut être juste, mais comme je veux que les Égyptiens soient convaincus que je suis animé, par dessus tout, du désir de leur plaire et de mériter leur amour, je consens à m'appeler Amasis Ier.

TROISIÈME OFFICIER.

J'ai à proposer une chose qui intéresse davantage la nation. Vous savez, Messieurs, que ce qui a le plus aliéné les cœurs d'Apriès, c'est son excessif orgueil, c'est ce luxe effréné qui semblait insulter à la misère publique; je demande donc que le mal soit tari dans sa source. La royauté nouvelle n'a pas besoin de courtisans, ni d'équipages, pour se recommander à notre amour. En conséquence, je crois qu'il est bon de supprimer la liste civile. La fortune personnelle d'Amasis suffira à ses besoins.

MÉNÈS.

Encore notre républicain !... supprimer la liste civile ! — Sire, au nom de notre industrie nationale, je vous supplie....

AMASIS.

Silence ! Ménès. Mon ami, je suis persuadé que vous obéissez à un mouvement généreux de votre cœur quand vous proposez pareille chose, car je suis obligé moi-même de me faire violence pour ne pas l'accorder. Je me vois malheureusement dans la nécessité de réprimer l'impulsion d'une sensibilité trop vive. Je suis pénétré de mes devoirs envers la nation ; mais dans son intérêt aussi, je tiens à ce que la royauté soit entourée de respects. Or, comment le serait-elle si le roi était logé et vivait comme la foule ? si on entrait chez lui à toute heure et sans aucun cérémonial ? Mes amis, soyons sages ; supprimons les abus, mais respectons ce que le temps a consacré. Il a été reconnu qu'une certaine magnificence était inhérente à la royauté, qu'elle se rendait plus vénérable dans l'esprit des peuples quand elle apparaissait accompagnée de quelque pompe. Le luxe qui lui imprime un caractère de grandeur et de majesté est un luxe qu'il faut bien se garder de retrancher. Laissons donc les choses telles qu'elles sont.

TROISIÈME OFFICIER.

Cependant il ne me paraît pas juste....

MÉNÈS.

Camarade, qu'est-ce que vous allez dire encore? Vous paraissez raisonnable et vous faites des propositions de cette nature! soyez donc conséquent. Vous voulez une royauté, donnez-lui au moins des conditions d'existence. Quand on veut la fin, il faut vouloir aussi les moyens.

DEUXIÈME OFFICIER (à part).

Ah! les gredins!... les tartuffes!... Quoi! nous ne pouvons avoir un roi sans qu'on lui abandonne les revenus de plusieurs provinces!

MÉNÈS.

Mais que deviendront nos manufactures et notre industrie nationale si nous ne donnons pas au roi le moyen de les faire prospérer?

DEUXIÈME OFFICIER.

Le royaume n'a pas besoin pour être florissant que les pauvres fassent l'aumône aux riches.

CÉBÈS.

C'est un anarchiste que cet homme-là!

MANÉTHON.

Prenez garde, l'ami, vous voyez bien que vous êtes le seul de votre avis.

DEUXIÈME OFFICIER.

Je veux qu'on sache au moins qu'en Égypte tout le monde n'est pas lâche et servile.

MANÉTHON.

Mon cher, je crois n'être rien de tout cela: j'aime mon pays autant que vous; seulement j'évite de compromettre notre cause par des demandes intempestives. Nous devons d'abord nous hâter de marcher sur Saïs, de chasser le tyran; ensuite nous réglerons nos affaires en famille.

DEUXIÈME OFFICIER.

Il est clair que nous sommes dupes.

MÉNÈS.

Sire, ces gens sont incorrigibles.

AMASIS.

Ah çà, mes amis, pourquoi donc faire ainsi les mauvaises têtes? Puisque tout le monde s'accorde à trouver que vous avez tort, pourquoi vous obstinez-vous seuls à avoir raison? Vous paraît-il convenable que je cède à vos désirs contre l'opinion générale? Je ne pense pas que vos prétentions aillent jusque-là. Pour mon compte, je vous le déclare, je serai inexorable. Si vous ne voyez en moi qu'un tyran, vous pouvez conspirer dans l'ombre, vous pouvez attenter à mes jours, ils ne sont pas à l'abri du poignard; mais jamais vous ne parviendrez à me faire faire une chose contraire à ma conscience et au bien de tous, car j'ai juré de gouverner dans l'intérêt commun. Croyez-m'en; vos amis ont cédé, suivez leur exemple.

DEUXIÈME OFFICIER (à part).

Je commence à croire que le meilleur parti est de se soumettre. Au milieu de tous ces imbéciles, il y a danger de paraître y voir clair.

CÉBÈS.

Si on m'écoutait, nous serions bientôt débarrassés de ce vaurien.

AMASIS.
Cébès, modérons cette fougue.
CÉBÈS.
Sire, il n'y a pas moyen de tolérer au milieu de nous un pareil garnement. Nous ne voulons pas qu'on manque de respect à celui que nous avons élu.
MÉNÈS.
Cet homme-là et son ami Asychis ne peuvent être que des partisans d'Apriès.
CÉBÈS.
C'est bien sûr. Il y a danger à ce qu'ils restent parmi nous.
PLUSIEURS.
Ce sont des traîtres ! ce sont des traîtres !
PLUSIEURS.
Mort aux traîtres !
MANÉTHON.
Amis, où vous laissez-vous entraîner? Jusqu'à ce jour, ils n'ont été connus que comme des braves. Comptez qu'ils serviront bien notre roi. Pas vrai, Asychis?
TROISIÈME OFFICIER.
Sans doute, Manéthon. Nous avons pu différer d'opinion avec nos camarades, mais puisque Amasis paraît convenir à tout le monde, je me rends; il ne me distinguera plus qu'à l'ardeur de mon zèle.
DEUXIÈME OFFICIER.
Nous nous flattons, sire, que notre opposition ne laissera dans votre esprit aucun souvenir fâcheux. Nous avons été difficiles à persuader, mais nous nous donnons à vous sans réserve maintenant. Nous es-

pérons que Votre Majesté ne se refusera pas à mettre notre dévouement à l'épreuve.

MÉNÈS (à part).

Allons ! ils mettent de l'eau dans leur vin.

AMASIS.

Mes amis, vous pouvez être sans crainte. Votre franchise, quoique rude, a su me plaire. Quand l'occasion s'en présentera, vous connaîtrez que je ne conserve aucun ressentiment contre vous.

MANÉTHON.

Maintenant que nous sommes d'accord, c'est à vous, sire, de montrer par un acte éclatant tout l'amour que vous portez à vos sujets.

AMASIS.

Qu'est-ce encore ?

MANÉTHON.

Un traité va être signé avec les Cyrénéens. D'ennemis qu'ils étaient, deux peuples deviendront frères. Avant de procéder à l'élection d'un roi, nous sommes convenus que celui que nous porterions au trône épouserait la fille de Kritobule, chef de la république de Cyrène. Cet hymen sera le gage d'une éternelle amitié entre les deux nations.

AMASIS.

Que dis-tu là, Manéthon ? Les Cyrénéens seront bien nos amis sans que j'aie besoin de me marier pour cela. Je ne suis plus l'homme d'Apriès, je suis celui de mon pays. Ses alliés sont les miens.

MANÉTHON.

Ils ont mis la condition de ce mariage à leur alliance ; et nous nous sommes engagés.

AMASIS.

Mais on n'est pas raisonnable.

MANÉTHON.

Sire, vous le seriez encore moins de gâter nos affaires pour une bagatelle.

AMASIS.

Comment? vous appelez cela une bagatelle!....... prendre une femme!.....

MANÉTHON.

Sire, de ce jour vous n'êtes plus à vous; vous appartenez à votre peuple.

AMASIS.

Y pensez-vous de me contrarier sur cet article? Vous autres particuliers, qui prenez autant de femmes qu'il vous plaît, vous en parlez tout à votre aise. Mais, moi, du moment que vous m'élevez au trône, je dois me résigner à n'avoir qu'une compagne; ainsi l'ont voulu nos législateurs. En matière de mariage, je ne puis donc pas agir à la légère. Je dois me décider d'après les qualités de la jeune personne.

MÉNÈS.

Sire, le bonheur de deux peuples est attaché à cette union...

AMASIS.

Mais, animal, oublies-tu Nitétis?

MÉNÈS.

Nitétis?

AMASIS.

Oui, Nitétis.

MÉNÈS.

Quoi? la fille d'Apriès!

AMASIS.

Ne lui dois-je pas un petit dédommagement si je détrône son père? Nitétis, fille de roi, est un parti un peu plus convenable que la fille d'un magistrat de Cyrène.

MÉNÈS.

D'accord; mais la raison d'État...

AMASIS.

Précisément, la raison d'État avant tout. J'agirai en profond politique en épousant la fille d'Apriès. Ce mariage ralliera à ma cause bien des partisans du vieux roi, qui pourraient me donner de l'inquiétude si je me comportais autrement.

MANÉTHON.

Sire, ce qui sera agréable à quelques courtisans ne plaira pas au peuple. Il redoutera pour son roi une influence funeste.

AMASIS.

Mais pourtant.....

MANÉTHON.

Pourtant, pourtant, il n'y a pas à balancer. Il faut laisser là Nitétis. Je vous déclare que les auteurs de votre élévation ne souffriront pas que vous épousiez la fille d'Apriès. Ce n'est pas au commencement d'un règne qu'on fait des sottises impunément.

AMASIS.

Manéthon, oubliez-vous à qui vous parlez?

MANÉTHON.

Sire, je ne puis garder le silence, quand, de gaieté de cœur, vous attirez la foudre sur votre tête.

AMASIS.

Mais une royauté comme vous l'entendez n'a rien de fort attrayant.

MANÉTHON.

Sire, nous avons voulu un roi pour faire notre bonheur, mais non pour le mettre à même de satisfaire ses caprices.

AMASIS.

Allons, allons, je me dévoue encore; j'épouserai la fille de Kritobule.

MANÉTHON.

Sire, la reconnaissance des Égyptiens vous est à jamais acquise.

AMASIS.

Mes amis, le soleil de demain éclairera une union qui doit consolider l'alliance de deux peuples. Quand elle aura été célébrée, nous marcherons sur Saïs.— Retournons à nos tentes.

SOLDATS.

Vive Amasis! vive le roi d'Égypte!

FIN DU DEUXIÈME ACTE.

ACTE TROISIÈME.

(Une salle du palais d'Apriès, à Saïs.)

SCÈNE PREMIÈRE.
APRIÈS, SABAKON.

APRIÈS.

Savez-vous, prêtre d'Isis, que je commence à m'inquiéter ? Décidément les rebelles sont donc à nos portes ?

SABAKON.

Sire, les rapports qui nous parviennent sont sans doute bien exagérés par la peur et par la malveillance; cependant il n'est pas impossible qu'avant l'arrivée d'Amasis sous les murs de Cyrène, quelques corps de l'armée de Manéthon se soient mis en route pour essayer de nous surprendre, et qu'il ne les ait pas rencontrés. Il serait facile de leur en imposer, même en l'absence de nos guerriers; mais nous aurions besoin de pouvoir compter sur l'appui des citoyens de toutes les classes. Malheureusement nous ne sommes pas plus tôt menacés, loin que les Saïtiens songent à défendre la ville, c'est précisément le moment qu'ils choisissent pour braver l'autorité et secouer le joug des lois.

APRIÈS.

En vérité, je n'y conçois rien. Pourquoi donc

l'Égypte n'est-elle pas tranquille? Pourquoi cette effervescence continuelle? Que veut mon peuple?

SABAKON.

Sire, l'Égypte n'a jamais eu moins sujet de se plaindre qu'aujourd'hui. Il dépend d'elle entièrement de revoir les beaux jours de la monarchie et de recouvrer son ancienne splendeur; mais si les vertus de Sésostris siégent toujours sur le trône, les populations ne sont plus les mêmes. Autant nos pères étaient sages, autant leurs enfans sont impatiens de tout frein et indociles.

APRIÈS.

C'est vrai, les temps sont bien changés. Autrefois la foule vivait contente de son sort, aujourd'hui rien ne la satisfait. J'avoue que j'ai peine à m'expliquer cette réputation de sagesse dont jouissent les Égyptiens chez les autres nations. Si vraiment ils sont les premiers des hommes, je plains de tout mon cœur les autres rois. Qu'un sceptre doit peser à leurs mains! Je ne sache pourtant pas que mon cousin le roi d'Éthiopie éprouve de pareils désagrémens de la part de ses sujets? J'ai toujours entendu dire qu'il s'entendait à merveille avec eux. Chez lui, on n'a pas à s'inquiéter de rassemblemens, la force armée n'est pas continuellement sur pied.

SABAKON.

Sire, cet accord de Sa Majesté éthiopienne avec son peuple tient à une cause bien naturelle. Les Éthiopiens sont sages et ne s'embarrassent guère de ces théories sociales qui occupent les oisifs de votre royaume. Ils se contentent d'avoir du bon sens et s'en tiennent aux bonnes vieilles institutions du pays. En Égypte, c'est le contraire, on trouve à redire à tout. Nos beaux-esprits ne rêvent que nouveautés, ils veulent mettre tout en mouvement, et la nation qui, depuis des siècles, demeurait majestueusement immobile, aujourd'hui menace de marcher.

APRIÈS.

Vous m'effrayez.

SABAKON.

Je crois, Sire, que les bons citoyens s'alarment justement de cet esprit d'innovation qui dispose le peuple à s'agiter sans cesse et à saisir toutes les occasions de troubles. Déjà, lorsque la défaite de Séthos et l'insurrection des soldats furent connues du public, nous eûmes toutes les peines du monde d'empêcher une explosion générale. Maintenant les mêmes désordres se renouvellent, les bruits les plus absurdes et les plus contradictoires circulent à propos de quelques bandes de soldats. Tantôt Amasis a été battu, tantôt c'est une révolte qui a éclaté dans son armée. On assure qu'il est en marche contre Saïs. Hier, on disait que des gens de la campagne avaient vu nos troupes; ce matin, des désœuvrés rassemblés sur nos murs affirmaient les avoir aperçues dans la plaine. Enfin, si je voulais entretenir Votre Majesté de tout ce que débitent les uns et les autres, ce serait à n'en pas finir. Cette fermentation durera sans doute autant que nos incertitudes se prolongeront; mais nous ne pouvons tarder de savoir à quoi nous en tenir.

ACTE III, SCENE I.

APRIÈS.

Tout ce que vous dites est bien affligeant; mais je ne suis pas tellement préoccupé des malheurs présens que j'oublie des périls qui, pour être plus éloignés, ne sont pas moins réels. Avant peu, nous aurons oublié le tumulte de ce jour, et les succès d'Amasis nous mettront à même d'appliquer le remède et d'empêcher le retour de scènes semblables; ceux dont j'ai à vous entretenir nous menaceront encore. Vous savez que l'envoyé du roi des Perses attend une réponse à la demande de son maître. Assurément l'alliance d'un monarque aussi puissant que Cambyse n'a rien qui ne doive me flatter, mais je n'ai qu'une fille et je me suis engagé, par une promesse solennelle, à en faire l'épouse d'Amasis. Cela étant, que dois-je répondre à Cambyse?

SABAKON.

Le cas me paraît embarrassant et demande réflexion.

APRIÈS.

Amasis revenant vainqueur, je ne puis, sans déshonneur et sans ingratitude, lui refuser Nitétis.

SABAKON.

Je conçois parfaitement les scrupules de Votre Majesté.

APRIÈS.

D'un autre côté, un refus peut exciter la colère de Cambyse, et la colère d'un roi qui commande à des populations si guerrières n'est pas à mépriser.

SABAKON.

Sans doute.

APRIÈS.

Il eût été beau pourtant de voir réunis sous un même sceptre les Perses, les Mèdes, les Babyloniens, les Égyptiens et tant d'autres peuples!

SABAKON.

Cambyse, par son mariage avec la princesse, aurait eu ce bonheur un jour.

APRIÈS.

Il faut pourtant renoncer à cette brillante perspective.

SABAKON.

Avec un gendre si puissant, quelle suite de jours heureux allait briller pour l'Égypte! Au dehors, plus d'ennemis à craindre; à l'intérieur, tout désordre cessait. Nos marchands, nos ouvriers étaient réduits au silence. Sa Majesté perse eût bien su les mettre à la raison.

APRIÈS.

Cambyse passe en effet pour être moins endurant que moi; mais puisqu'il n'y a pas à revenir sur la promesse faite à Amasis, nous ne devons plus penser qu'à congédier honnêtement son envoyé.

SABAKON.

Je me permettrai pourtant de représenter à Votre Majesté que si les rois sont tenus d'observer religieusement leur parole, le bonheur de leurs peuples n'est pas moins sacré pour eux. Or, il est évident qu'en refusant votre fille à Cambyse, vous exposez le royaume à toutes les chances d'une guerre désastreuse. Naturellement un prince jeune et superbe ressentira, avec toute l'ardeur de son âge, l'affront

ACTE III, SCENE II.

qui lui sera fait; et si une guerre a lieu, comment l'Égypte, déjà épuisée par l'expédition de Cyrène, en proie aux funestes divisions des partis, pourra-t-elle résister?

APRIÈS.

Je ne me dissimule pas qu'elle aura des chances à courir; mais je ne me crois pas dispensé de tenir ma promesse. Amasis sera mon gendre; j'ai confiance dans les dieux pour le reste.

SABAKON.

Sire, voici la princesse.

SCÈNE II.

LES PRÉCÉDENS, NITÉTIS.

APRIÈS.

Quel motif t'amène, mon enfant? tu parais agitée? Les clameurs de la foule auraient-elles fait impression sur toi?

NITÉTIS.

Non, mon père.

APRIÈS.

Qu'as-tu donc?

NITÉTIS.

Mon père.... (Elle s'arrête et fixe Sabakou.)

APRIÈS.

Tu peux parler devant Sabakon.

SABAKON.

Si ma présence gêne la princesse, je vais me retirer.

NITÉTIS.

Non, non, Monsieur, restez; j'ai à vous demander quelques explications.

AMASIS.

APRIÈS.

De quoi s'agit-il?

NITÉTIS.

On dit, mon père, que ce vilain ambassadeur perse est venu à Saïs pour moi.

APRIÈS.

C'est vrai; il est venu, de la part de son maître, demander ta main.

NITÉTIS.

On ajoute que Sabakon vous conseille de la lui accorder.

APRIÈS.

C'est encore vrai, à l'instant même il m'en parlait.

NITÉTIS.

C'est possible, monsieur Sabakon! Eh bien, je vous engage à vous occuper un peu moins de ce qui me regarde, ou je saurai vous faire repentir de votre conduite.

APRIÈS.

Qu'est-ce que cela veut dire? Pourquoi cette colère contre Sabakon?

NITÉTIS.

Comment? mon père, vous voudriez me faire épouser Cambyse?

APRIÈS.

Je ne vois pas ce qu'un tel mariage aurait de si extraordinaire et de si désagréable.

NITÉTIS.

Souvenez-vous bien qu'il n'aura jamais lieu.

APRIÈS.

Mais d'où vient cette colère?

ACTE III, SCENE II.

NITÉTIS.

Je crois, Dieu merci, qu'elle est assez naturelle. Comment? la fille du roi d'Égypte épouserait le Perse Cambyse!

APRIÈS.

Pourquoi pas? Cette union n'aurait rien que de très-honorable.

NITÉTIS.

Je le répète, ce mariage ne se fera jamais.

APRIÈS.

Nous ne cherchons pas à te contrarier. Tu es promise à Amasis; c'est lui qui t'épousera. Mais le roi des Perses s'est épris de toi, il désire ta main; nous devons lui faire une réponse honnête.

NITÉTIS.

Cambyse est amoureux de moi?

APRIÈS.

Sans doute.

NITÉTIS.

Et comment cela donc?

APRIÈS.

La renommée lui avait vanté tes charmes; il a vu ton portrait et il lui a semblé que la renommée n'avait pas dit assez. Son cœur s'est enflammé, et voilà toute l'histoire

NITÉTIS.

Tiens, je n'aurais pas cru que ces Perses, qu'on dit si grossiers, fussent sensibles à l'amour.

APRIÈS.

Mais la passion du prince est tout-à-fait sérieuse.

On dit même que s'il porte ses armes chez nos voisins, c'est pour se rapprocher de toi.

NITÉTIS.

C'est assez galant pour un Perse. Et Cambyse, dit-on quel espèce d'homme c'est?

APRIÈS.

Tu peux en juger par ce portrait qu'il t'a envoyé.

NITÉTIS.

Oh! oh!

APRIÈS.

Qu'as-tu?

NITÉTIS.

C'est là Cambyse?...

APRIÈS.

On dit que le portrait est de la plus exacte ressemblance.

NITÉTIS.

Oh! oh!

APRIÈS.

Mais qu'est-ce donc qui te fait tant rire?

NITÉTIS.

Il est possible qu'en Perse on porte de tels chapeaux?

APRIÈS.

Que veux-tu? chaque pays, chaque mode.

NITÉTIS.

Je n'en reviens pas. J'admire les moustaches de Sa Majesté perse.

APRIÈS.

Elles sont un peu fournies, mais elles lui donnent un air terrible qui n'est pas sans charme.

ACTE III, SCENE II.

NITÉTIS.

Je crois que le prince me ferait peur.

APRIÈS.

Cependant des yeux pleins de douceur tempèrent la fierté empreinte dans ses traits.

NITÉTIS.

Tant qu'il vous plaira, mais je n'épouserai jamais un pareil homme. Et vous, monsieur Sabakon, souvenez-vous que si vous donnez encore de ces idées-là à mon père, vous aurez affaire à moi. Adieu.

APRIÈS.

Un instant, un instant.

NITÉTIS.

Encore une fois, je n'irai pas en Perse; mettez-vous bien cela dans la tête, mon père.

APRIÈS.

Mais, ma fille, sois donc un peu raisonnable. Je te répète que je ne pense nullement à faire de toi l'épouse de Cambyse; mais encore faut-il ménager l'amour-propre d'un roi aussi puissant. Songe qu'un refus peut l'offenser, qu'une guerre peut s'ensuivre, et que nous résisterions difficilement aux Perses.

NITÉTIS.

Tout cela m'est égal, je ne veux pas appartenir à un autre qu'Amasis.

APRIÈS.

Il a ma parole, je l'observerai religieusement.

NITÉTIS.

Quand il commandera vos armées, qu'aurez-vous à craindre du dehors ?

AMASIS.

APRIÈS.

Je sais tout ce que nous sommes en droit d'attendre de sa valeur et de ses talens militaires, et c'est aussi ce qui me rassure contre la colère de Cambyse; mais maintenant nos troupes sont éloignées, nous sommes dans l'incertitude des résultats de l'expédition de Cyrène, des rebelles nous insultent sous nos murs, il serait bon de gagner du temps.... Le bruit augmente au dehors!.. Que venez-vous m'apprendre, Patarvémis?

SCÈNE III.

LES PRÉCÉDENS, PATARVÉMIS.

PATARVÉMIS.

Sire, le désordre prend un caractère toujours plus menaçant. Une nouvelle qui circule en ce moment dans la foule, y cause la plus violente agitation.

APRIÈS.

Quelle nouvelle?

PATARVÉMIS.

Sire, je tremble de vous la faire connaître.

APRIÈS.

Parlez, je l'exige.

PATARVÉMIS.

Sire, l'armée d'Amasis a fait cause commune avec les rebelles.

APRIÈS.

L'armée d'Amasis!

ACTE III, SCENE III.

SABAKON (à Patarvémis).

Comment pouvez-vous croire pareille chose ?

APRIÈS.

Patarvémis, je vous sais gré de votre zèle; mais il vous rend trop crédule. Amasis est adoré des soldats, il a toute leur confiance; est-il vraisemblable qu'une révolte ait éclaté dans son camp ?

PATARVÉMIS.

Sire, Amasis lui-même est à la tête des deux armées.

APRIÈS.

Qu'entends-je ?

SABAKON.

Au nom du ciel, Patarvémis, ne débitez pas d'extravagances de cette sorte.

NITÉTIS.

Vous devriez accueillir moins facilement des calomnies contre un homme tel qu'Amasis.

PATARVÉMIS.

Je tiens ces renseignemens de gens qui arrivent de la campagne, et qui l'ont reconnu au milieu des rebelles.

NITÉTIS.

Je soutiens qu'on vous a trompé.

PATARVÉMIS.

J'ai recueilli divers témoignages, et ils s'accordent tous.

NITÉTIS.

Vous perdez la tête.

APRIÈS.

Ma fille, ma fille...

NITÉTIS.

Mon père, Amasis est incapable d'une si noire ingratitude.

APRIÈS (bas à Nitétis).

Modère-toi, ma fille. Patarvémis est un peu crédule, facile à s'effrayer, mais bon homme au fond, et nous est fort attaché.

PATARVÉMIS.

Avec la permission de Votre Majesté, je vais me rendre auprès des rebelles, juger par moi-même de leurs forces, et savoir ce qu'ils veulent. Pendant mon absence, Amétophis contiendra le peuple.

APRIÈS.

Allez. Moi, je me montrerai dans les rues et sur les places. Peut-être que ma présence suffira pour rétablir l'ordre. Sabakon, faites de votre côté ce qui dépendra de vous, pour obtenir le même résultat... Retire-toi, ma fille.

SCÈNE IV.

SABAKON.

Je ne sais, mais les affaires tournent mal... Enfin, n'importe, sachons tenir tête aux agitateurs, car s'ils l'emportaient !..... Je tremble rien que d'y penser.

SCÈNE V.

SABAKON, NÉKOS.

NÉKOS.

Je vous cherchais, Sabakon. Au milieu des dangers qui nous menacent, vous ne paraissez pas vous donner beaucoup de mouvement.

SABAKON.

Vous êtes bien en peine. Vous devriez pourtant vous habituer un peu aux émeutes. Croyez-moi, il en sera cette fois comme des autres jours. Toute cette canaille finira par se taire.

NÉKOS.

Vous vous abusez étrangement. La nouvelle de la défection d'Amasis a poussé au dernier point l'exaspération populaire.

SABAKON.

Décidément, Amasis est donc à la tête des rebelles ?

NÉKOS.

Hélas ! oui.

SABAKON.

Mais si le roi réveille par sa présence le patriotisme des citoyens, rien n'est encore désespéré.

NÉKOS.

Tous ses efforts seront vains. Amasis a devancé son corps d'armée; il connaît maintenant l'effervescence qui règne dans la ville, et, pour ne pas nous donner le temps de nous remettre, il vient de commencer l'attaque à une des portes. Suivant les apparences, il sera tout-à-l'heure dans nos murs, car personne ne paraît disposé à faire de résistance.

SABAKON.

Hélas ! hélas !

NÉKOS.

Sans doute ce qui se passe n'a rien de fort agréable pour nous.

SABAKON.

Notre existence politique est finie. Apriès nous honorait de toute sa confiance, Amasis nous éloignera nécessairement des affaires.

NÉKOS.

Sabakon, j'avais meilleure opinion de votre sagacité et de votre courage. Au nom du ciel, soutenez donc un peu mieux cette réputation d'homme habile dont vous jouissez.

SABAKON.

J'avoue que, dans les circonstances présentes, ma vieille expérience m'offre peu de ressources.

NÉKOS.

Ah çà, voyons un peu ; car il sera toujours temps de se désoler. Raisonnons, Amasis a été proclamé roi par les rebelles.....

SABAKON.

Qu'entends-je!

NÉKOS.

Désormais nous ne pouvons plus rien en faveur d'Apriès ; tout est fini pour lui.

SABAKON.

Où voulez-vous en venir?

NÉKOS.

Les choses en étant là, persister dans nos sentimens de fidélité serait à la fois inutile pour lui, ridicule à nous et préjudiciable aux intérêts de notre ordre. Le plus prudent me paraît donc de se soumettre à la nécessité, et d'accepter le nouvel ordre de choses.

ACTE III, SCENE V.

SABAKON.

Mais qu'espérez-vous de cette conduite? Vous flattez-vous qu'un vaurien tel qu'Amasis ait jamais quelque considération pour nous? Vous auriez tort de le croire. Nous autres prêtres ne serons jamais bien vus de tous ces gens à sabre.

NÉKOS.

Amasis roi ne pensera plus comme Amasis soldat. Si nous savons le circonvenir habilement et flatter son amour-propre, si nous nous montrons les zélés défenseurs des prérogatives royales, pourquoi ne nous verrait-il pas d'un œil favorable?

SABAKON.

Il me semble pourtant, après toutes les faveurs dont nous a comblés le roi Apriès, qu'il n'est pas très-bien à nous d'aller offrir nos services à l'usurpateur de son trône.

NÉKOS.

Vos scrupules m'étonnent. Notre premier devoir n'est-il pas de veiller à ce que les dieux soient honorés et leurs prêtres respectés à l'avenir comme par le passé? La religion n'est-elle pas menacée, si une scission déplorable a lieu entre nous et les autres classes de la grande famille égyptienne? Quel que soit notre attachement à un homme, devons-nous compromettre pour sa cause des intérêts aussi sacrés?

SABAKON.

Je ne dis pas cela.

NÉKOS.

Amétophis!

SCÈNE VI.

LES PRÉCÉDENS, AMÉTOPHIS.

AMÉTOPHIS.

Ah! c'est vous, Nékos?

NÉKOS.

Où courez-vous ainsi?

AMÉTOPHIS.

A dire vrai, je n'en sais rien; je n'ai plus la tête à moi.

NÉKOS.

Que devient Apriès?

AMÉTOPHIS.

Les Ioniens et les Cariens, qui composent sa garde, sont aux prises avec le peuple. Il aura du bonheur de sauver sa personne.

NÉKOS.

Les rebelles, que font-ils?

AMÉTOPHIS.

A l'instant ils entrent dans la ville.

SABAKON.

Grands dieux!

NÉKOS.

Et vous, qu'avez-vous résolu?

AMÉTOPHIS.

Ce que j'ai résolu?

NÉKOS.

Oui.

AMÉTOPHIS.

Rien du tout.

ACTE III, SCENE VI.

NÉKOS.

Comment, rien?

AMÉTOPHIS.

Ma foi, non.

NÉKOS.

Il est pourtant bientôt temps de prendre un parti.

AMÉTOPHIS.

Mais comment s'arrêter si vite à quelque chose!.. Qu'une révolution est embarrassante!... surtout pour celui qui a une conscience.

NÉKOS.

Apriès a cessé d'être roi; suivrez-vous ses pas? Serez-vous le compagnon de sa mauvaise fortune?

AMÉTOPHIS.

C'est ce que je me demande; car il est certain que je lui dois tout, mes dignités, mes richesses. De plus, il m'honorait d'une amitié particulière.

NÉKOS.

Mais puisque les dieux sont pour Amasis, n'y aurait-il pas folie à vous de vous obstiner à le servir?

AMÉTOPHIS.

C'est encore ce que je me dis; mais...

NÉKOS.

Amétophis, vous ne devez pas hésiter. Sabakon et vous avez conseillé à Apriès d'envoyer Amasis contre les rebelles, n'est-ce pas? S'il ressaisissait le pouvoir, ne seriez-vous pas des traîtres à ses yeux? Vous ne risquez donc rien de vous abandonner au torrent général. Éloignons-nous, le palais va s'emplir de monde. Nous serions mal ici.

SCÈNE VII.

AMÉTOPHIS.

Nékos raisonne bien. D'ailleurs, plus je m'en tiens au chapitre des considérations, et plus je vois de motifs de me tourner vers le nouveau roi. Quoique sans m'en douter, je n'ai pas peu contribué à le mettre sur le trône, c'est une circonstance qui n'est déjà pas malheureuse. Mieux encore, Amasis aime ma fille... Ma fille pourrait donc devenir reine des Égyptiens! Fortune! fortune! je vole où tu m'appelles!

SCÈNE VIII.

D'ABORD DES SOLDATS, ENSUITE APRIÈS ET SOLDATS, GENS DU PEUPLE.

APRIÈS.

O jour, jour affreux!... comme tout a changé pour moi! Tout à l'heure encore j'étais puissant et craint, j'étais entouré d'hommages; et maintenant! où sont mes défenseurs?... Je les cherche à mes côtés, et n'aperçois qu'un reste de soldats étrangers, qu'attache à mes pas la pitié plus que l'espoir de vaincre. Sans leurs efforts généreux, j'allais subir les outrages d'une vile populace. J'ai donc régné!... Ah! l'insolence de la foule, sa joie féroce n'annoncent que trop le triomphe des rebelles!... Dieux! déjà Patarvémis! il accourt; mais baigné de pleurs. C'en est fait, tout est perdu.

SCÈNE IX.

LES PRÉCÉDENS, PATARVÉMIS.

APRIÈS.

Patarvémis, avez-vous vu les rebelles?

PATARVÉMIS.

Sire, j'ai parlé à leur chef comme il allait commencer l'attaque.

APRIÈS.

Qu'a-t-il dit?

PATARVÉMIS.

Il est demeuré sourd à mes représentations. J'ai voulu insister, il a fait signe à ses compagnons d'armes, et, sans une fuite rapide, je restais leur prisonnier.

APRIÈS.

Ce chef, quel est-il?

PATARVÉMIS.

L'homme que Votre Majesté n'a pu croire capable d'une si noire trahison.

APRIÈS.

Amasis?

PATARVÉMIS.

Votre Majesté l'a nommé.

APRIÈS.

Amasis!... Et tu l'as vu, vu de tes propres yeux?..

PATARVÉMIS.

Sire, c'est à lui-même que j'ai parlé.

APRIÈS.

Amasis, à la tête de mes ennemis!... Mais, non ;

la chose n'est pas possible, je n'y crois pas. Comment, lui que j'allais appeler mon fils !

PATARVÉMIS.

Sire, les deux armées l'ont proclamé roi.

APRIÈS.

Roi !... roi !... Ah ! voilà donc le secret de sa conduite enfin révélé !... Ma fille, un trône qu'il ne pouvait manquer d'occuper bientôt : rien ne l'a retenu sur le chemin du crime. Le besoin de régner de suite a étouffé dans son cœur tous les sentimens humains. O ambition !.. exécrable ambition ! quand tu t'empares de l'homme, tu n'en fais plus qu'un monstre. On a vu le lion, reconnaissant des bienfaits, déposer ses fureurs ; le tigre connaît quelquefois la pitié : l'homme que tu remplis est insensible à tout. Aspire-t-il au trône, un père, un bienfaiteur n'ont rien de sacré pour lui ; pour y arriver, il marchera, au besoin, sur leur cadavre.

PATARVÉMIS.

Calmez-vous, sire ; des sujets fidèles vous restent encore.

APRIÈS.

Des sujets fidèles !... à moi ? Quand celui que j'ai comblé de mes bienfaits marche contre son roi, quand il arrache le sceptre à mes mains impuissantes, qui est-ce qui tentera pour ma cause les hasards des combats ?... A moi, des sujets fidèles !... Eh ! quand je suis sorti de mon palais, quand j'ai paru devant eux pour réveiller leur amour, ont-ils respecté dans ma personne la majesté royale? Des sujets fidèles !... un roi malheureux n'en a plus.

ACTE III, SCÈNE IX.

Allez donc porter votre hommage au chef des rebelles. Sa conduite envers moi, voilà ses titres à votre amour! Et vous, dieux puissans, accordez à mes prières que les Égyptiens aient dans Amasis un roi digne d'eux, et qu'Amasis trouve en eux des sujets dignes de lui!

PATARVÉMIS.

Ah! sire, fasse le ciel que de tels vœux ne soient pas accomplis! L'Égypte aura bien assez de ses maux sans que la malédiction de son roi pèse encore sur elle. D'ailleurs, vos sujets ne sont qu'égarés. Un jour ils viendront vous apporter leur repentir. Maintenant soumettez-vous sans murmure; toute défense est désormais impossible; le nombre de vos défenseurs est trop réduit, leur sang coulerait inutilement. Il en est temps encore, fuyez.

APRIÈS.

Tu me parles de fuir... Ah! la fuite vous convient à vous, vous trouverez le bonheur ailleurs comme ici.... Mais moi, j'ai grandi sur le trône, l'âge est venu m'y trouver, je n'en descendrai qu'avec la mort.

PATARVÉMIS.

Au nom des dieux, sire, éloignez une résolution si fatale; car, maintenant qu'il est entré dans la carrière du crime, Amasis...

APRIÈS.

Je disputerai la victoire jusqu'au dernier moment. Les forces des rebelles ne sont pas considérables. Sabakon doit avoir ranimé mes partisans...

PATARVÉMIS.

Sabakon ? je l'ai distingué à l'instant dans la foule qui se portait au devant d'Amasis.

APRIÈS.

Sabakon ? dis-tu.

PATARVÉMIS.

Oui, sire, et Nékos l'accompagnait.

APRIÈS.

Quoi !... mes amis, et les plus chers !... Mais toi qui parles... toi, n'es-tu pas un traître aussi ?

PATARVÉMIS.

Moi ? sire.

APRIÈS.

Oui, toi, toi, infâme. Tu me conseilles de fuir... sans doute pour m'éloigner des miens, me livrer plus sûrement à l'usurpateur ?

PATARVÉMIS.

Je me croyais à l'abri de pareils soupçons.

APRIÈS.

Le crime du moins ne profitera pas à tous... Tiens, voilà ce qui t'est dû.

(Il veut le frapper de son poignard ; un officier l'arrête.)

PATARVÉMIS.

Sire, tout mon sang est à vous, mais c'est à vos ennemis de le verser.

L'OFFICIER.

Que faites-vous, sire ?

APRIÈS.

Je punis un traître.

L'OFFICIER.

Vous frappez le seul de vos grands qui soit resté fidèle.

ACTE III, SCÈNE IX.

PREMIER ÉGYPTIEN.

Dans quelle colère est le roi !

DEUXIÈME ÉGYPTIEN.

Je crois qu'il devient fou. Comme il récompense Patarvémis !

PREMIER ÉGYPTIEN.

Un si haut personnage traité de la sorte !

TROISIÈME ÉGYPTIEN.

Un homme si vertueux ! c'est indigne !

DEUXIÈME ÉGYPTIEN.

Si Apriès perd ainsi la tête, il y a danger pour tous à le servir.

TROISIÈME ÉGYPTIEN.

Je n'aime pas ces fureurs-là, moi.

PREMIER ÉGYPTIEN.

Il y a de quoi effrayer le monde. Amasis est bien différent !

TROISIÈME ÉGYPTIEN.

Débarrassons-nous donc d'Apriès. Vive Amasis ! mort au tyran !

PREMIER ÉGYPTIEN.

Oui, vive Amasis ! mort au tyran !

PATARVÉMIS.

Qu'entends-je ? quoi ! mes amis, vous aussi !..... vous en voulez aux jours de votre roi !

TOUS.

Vive Amasis ! mort au tyran !

PATARVÉMIS (à l'officier).

Ami, éloigne-les.

APRIÈS.

Laissez faire à ces misérables.

PATARVÉMIS.

Sire, les momens sont précieux. Les soldats de l'usurpateur ne peuvent manquer d'être bientôt ici. Un combat inégal s'ensuivrait et vos serviteurs tomberaient sans utilité pour vous. Tandis qu'ils luttent encore, votre fuite sera inaperçue.

APRIÈS.

Mais ma fille ?

PATARVÉMIS.

Sire, n'en soyez pas inquiet, Amasis respectera une femme et la laissera rejoindre son père.

APRIÈS.

Et où diriger mes pas?

PATARVÉMIS.

Sire, au milieu de tant villes que l'insurrection n'a pas encore atteintes, il en est une où Votre Majesté ne peut manquer d'être bien accueillie dans son infortune. J'ai nommé Memphis. Votre autorité y est chérie. C'est là que se réuniront tous vos serviteurs et là aussi que le trône sera disputé.

APRIÈS.

Puisqu'il y a encore espoir de régner, je consens à vivre. Je pars donc. Et vous, mes enfans, que mes malheurs n'ont pas éloignés de moi, ne prolongez pas une défense inutile. Dispersez-vous. A nous revoir en des jours meilleurs. Adieu.

PARTAVÉMIS.

Amis, le rendez-vous des fidèles est à Memphis.

SCÈNE X.

HOMMES DU PEUPLE.

PREMIER ÉGYPTIEN.

Eh bien! tu as vu le nouveau roi?

DEUXIÈME ÉGYPTIEN.

Oui. Oh! c'est un autre homme qu'Apriès.

PREMIER ÉGYPTIEN.

Apriès avait tant d'orgueil! Et lui, comme il paraît bon! comme il accueille tout le monde! Croirais-tu qu'il m'a serré la main?

DEUXIÈME ÉGYPTIEN.

Il me l'a serrée aussi et à bien d'autres! Vraiment, c'est un roi charmant!

TROISIÈME ÉGYPTIEN.

Et qui a bonne mine. C'est tout de même singulier qu'un homme fasse ainsi son chemin. Quand je pense qu'Amasis est sorti des derniers rangs de l'armée!

DEUXIÈME ÉGYPTIEN.

Encore n'était-il pas un excellent sujet. Ça courait les filles!

PREMIER ÉGYPTIEN.

Nous aurons donc un bon vivant sur le trône.

DEUXIÈME ÉGYPTIEN.

Nous ne nous en trouverons pas plus mal pour cela.

PREMIER ÉGYPTIEN.

Le voici! le voici! Faites-lui place.

DEUXIÈME ÉGYPTIEN.

Place! place! Voici le roi, rangeons-nous.

PEUPLE.

Vive Amasis! vive le roi d'Égypte!

SCÈNE XI.

AMASIS, MÉNÈS, SOLDATS, GENS DU PEUPLE, AMÉTOPHIS ET THAÏS *confondus dans la foule*.

AMASIS.

Mes amis, mes bons amis...

PEUPLE.

Vive le roi! vive le roi!

AMASIS.

Mes amis, calmez ces transports d'allégresse.

PEUPLE.

Vive Amasis! qu'il règne long-temps sur nous!

AMASIS.

Mon cœur est vivement ému de ces marques d'amour...

PEUPLE.

Vive le roi!

MÉNÈS.

Allons donc, silence! le roi veut parler.

PEUPLE.

Paix, paix!

AMASIS.

Je voulais vous dire, mes amis, qu'en d'autres circonstances je serais très-sensible à vos témoignages d'affection; mais, en ce jour, je ne vous le cache pas,

ACTE III, SCÈNE XI.

tant d'allégresse a quelque chose de pénible pour moi. Si vous voyez dans mon élévation au trône l'aurore de temps meilleurs, je ne puis oublier qu'elle cause la ruine d'Apriès, à qui je dois tant, et des démonstrations si bruyantes ne peuvent qu'irriter ma douleur; car si j'ai consenti à régner à sa place, ça n'a été que par dévouement à la chose publique.

MÉNÈS.

Sire, tant de délicatesse ne peut qu'ajouter à l'amour que vous inspirez déjà à vos sujets...

AMASIS.

Mes amis, je vous en conjure, éloignez-vous. Il est impossible que je partage votre joie et que je regarde comme un jour heureux celui qui a vu tomber mon bienfaiteur. Souffrez que je reste un peu seul.

MÉNÈS.

Allons, mes amis, retirez-vous. (A part.) Diable! comme il joue bien son rôle.

(Le peuple s'éloigne. Quelques soldats restent dans le fond.)

Et vous, brave homme, que faites-vous là avec cette petite?

AMÉTOPHIS.

Est-ce que tu ne nous reconnais pas, Ménès?

MÉNÈS.

Tiens, c'est vous, Amétophis! et vous aussi, Thaïs!

AMÉTOPHIS.

Oui, je voudrais parler au roi.

MÉNÈS.

Vous avez entendu ; il désire d'être seul.

AMÉTOPHIS.

Bah ! il fera bien exception en notre faveur.

MÉNÈS (à part).

(Mes amours n'ont plus rien à craindre, ainsi ce n'est pas le cas de se montrer rigoureux.) Sire, je vous présente Amétophis et sa fille Thaïs.

AMASIS.

Que vois-je ? (A part.) Ce coquin de Ménès aurait bien dû m'éviter l'embarras d'une pareille visite.

AMÉTOPHIS.

Eh bien, Amasis, te voilà donc roi ?

MÉNÈS.

Eh ! Amétophis, que signifie cette familiarité avec Sa Majesté ?

AMÉTOPHIS.

Pardon, sire... Mais, avec les bons exemples, j'en viendrai quelque jour à parler comme il faut.

AMASIS.

Oh ! Amétophis, avec vous je ne fais pas de cérémonies. Puisque nous sommes en petit comité, il n'y a pas d'inconvénient à ce que vous parliez comme avant.

AMÉTOPHIS.

Je profite bien volontiers de la permission, car je ne puis, sans rire, te traiter sitôt de Majesté.

AMASIS (à part).

L'insolent !

AMÉTOPHIS.

Approche donc, Thaïs ; pourquoi te tiens-tu ainsi derrière moi ?

ACTE III, SCENE XI.

AMASIS.

Thaïs, vous êtes trop timide.

AMÉTOPHIS.

Naturellement elle est un peu émue de retrouver son amoureux roi.

THAÏS.

Que dites-vous, mon père !

AMÉTOPHIS.

Ah çà, Amasis, on fait circuler de singuliers bruits sur ton compte. On disait dans la rue que tu avais épousé une Cyrénéenne. Ma fille a pensé en mourir de douleur.

THAÏS.

Mon père !

AMÉTOPHIS.

C'est une fausseté, n'est-ce pas ?

MÉNÈS.

Une fausseté !.. Et pourquoi ?.. Ne faut-il pas qu'un roi se marie ?.. Grace au ciel, il y a lieu d'espérer que le nôtre ne fait que commencer la dynastie des Amasis.

AMASIS.

Nous parlerons de ces choses-là une autre fois, général.

AMÉTOPHIS.

Et pourquoi pas aujourd'hui ?

AMASIS.

Le moment est mal choisi pour une telle conversation.

AMÉTOPHIS.

Est-ce que tu aurais déjà oublié Thaïs ?

AMASIS.

Moi? Tant que je vivrai Thaïs me sera chère.

AMÉTOPHIS.

Comptes-tu toujours en faire ta femme?

MÉNÈS.

Eh! général, vous savez bien que nous avons une reine.

THAÏS (à part).

Qu'entends-je!

AMÉTOPHIS.

Quoi! je disais donc la vérité, quand je parlais de cette Cyrénéenne?

MÉNÈS.

Vous étiez bien informé.

AMÉTOPHIS.

Juste ciel!

AMASIS.

Général, je conçois que mon mariage vous afflige, mais vous sentez qu'un roi doit à ses peuples le sacrifice de ses inclinations...

AMÉTOPHIS.

Allons-nous-en, ma fille. Viens.

AMASIS.

Arrêtez, Thaïs; le ciel, qui lit dans mon cœur, sait qu'il bat toujours pour vous. S'il m'avait laissé dans ma première condition, vous m'auriez fait connaître le bonheur; mais une cruelle nécessité... Thaïs, séchez vos pleurs.

MÉNÈS.

Thaïs, soyons raisonnables. De bonne foi, vous ne pouviez prétendre à devenir reine des Égyptiens;

ACTE III, SCENE XI.

mais, au moyen d'une petite transaction, les choses s'arrangeront.

AMÉTOPHIS.
Que veux-tu dire?

MÉNÈS.
Puisque Amasis est marié, nos rois ne devant avoir qu'une femme, il n'y a plus à songer de faire de Thaïs une reine; eh bien, il me semble que le premier ministre du royaume n'est pas tout-à-fait à dédaigner.

AMÉTOPHIS.
Te moques-tu?

MÉNÈS.
Je n'ai jamais parlé plus sérieusement. Au reste, mon amour n'est pas né d'aujourd'hui.

AMÉTOPHIS.
Cessons ce langage.

MÉNÈS.
Ne vous fâchez pas, général.

AMASIS.
Au bout du compte, Amétophis, puisque Ménès aime votre fille, pourquoi ne la lui donneriez-vous pas?.. Ménès n'est pas aussi mauvais sujet qu'il en a l'air; il est mon ami; en épousant votre fille, il me deviendra plus cher, s'il est possible. Et vous, Thaïs, pardonnez si l'intérêt de l'Égypte a dû l'emporter sur mes affections les plus tendres. Je sens tout ce que vous devez éprouver de chagrin...

THAÏS.
Moi? Monsieur, je vous assure que je n'éprouve rien.

AMASIS.

Au nom du ciel, résignez-vous...

THAÏS.

Oh! je suis toute résignée. Si quelque chose m'étonne, c'est que j'aie pu vous aimer. Allons-nous-en, mon père.

AMASIS.

Thaïs!.. Elle est partie.

SCÈNE XII.

AMASIS, MÉNÈS.

AMASIS.

As-tu vu?.. Je crois qu'elle faisait la mine. Comment trouves-tu cette petite? Elle s'arrangerait d'épouser le roi d'Égypte!

MÉNÈS.

Sire, en voyant votre fortune, vos sujets se sentent possédés de la manie des grandeurs.

AMASIS.

Conviens que cette ambition est tout-à-fait déplacée.

MÉNÈS.

Oh! tout-à-fait; mais là... ces jeunes filles ont toujours des travers de sentimentalité.

AMASIS.

Je passerais ces ridicules à Nitétis. Celle-là au moins est fille de roi...

MÉNÈS (à part).

Voyez donc.

AMASIS.

Ses aïeux, sa naissance la rendraient en quelque sorte excusable.

MÉNÈS.

A propos, Votre Majesté a-t-elle appris la nouvelle?

AMASIS.

Quelle nouvelle?

MÉNÈS.

On m'a dit que le roi des Perses et des Mèdes, s'étant épris de Nitétis sur un portrait, avait envoyé un ambassadeur pour la demander à son père. L'ambassadeur se trouve encore à Saïs.

AMASIS.

Au fait, qu'est-elle devenue?

MÉNÈS.

Je l'ignore; probablement elle aura fui. Mais... En croirai-je mes yeux? C'est elle-même qui s'avance.

AMASIS.

Diable! il ne manquait plus que cela.

MÉNÈS.

Que Votre Majesté tienne bon. Pas d'attendrissement; car nos Égyptiens ont une tête à eux, et si leur roi était assez faible...

AMASIS.

Tu ne me connais pas.

SCÈNE XIII.

LES PRÉCÉDENS, NITÉTIS.

NITÉTIS.

Qu'est-ce que j'apprends, monsieur? On dit

que c'est à vous que nous devons tout ce tapage?

MÉNÈS.

Madame, vous parlez au roi.

NITÉTIS.

Au roi!.. Que dites-vous, insolent? Y a-t-il ici d'autre roi que mon père?

MÉNÈS.

Madame, votre père a été roi, mais il ne l'est plus.

NITÉTIS.

Je m'aperçois bien qu'il ne commande plus en ces lieux, car ton langage serait aussi humble qu'il est impertinent; mais, en attendant que tu reçoives le châtiment que tu mérites, ne m'interromps pas, je m'adresse à Amasis.

MÉNÈS.

Oh! oh! madame, ce n'est plus le temps de parler sur ce ton. Aujourd'hui tout a bien changé.

AMASIS.

Tais-toi, Ménès, madame veut me parler, je suis tout disposé à l'entendre.

NITÉTIS.

Voilà qui est étrange! Que voulez-vous avec vos airs? Oubliez-vous que vous parlez à la fille d'Apriès?

AMASIS.

Non, madame, je n'oublie pas ce que je dois au malheur; mais enfin, puisque c'est moi qui règne maintenant, vous devez vous exprimer d'une manière plus convenable.

NITÉTIS.

Comment! ce n'étaient donc pas de vaines ru-

ACTE III, SCENE XIII. 105

meurs qui annonçaient qu'Amasis s'était joint aux rebelles ?..

AMASIS.

Madame, le peuple était las du gouvernement de votre père, l'armée s'était soulevée; ma victoire eût causé la mort de soldats qui m'étaient chers, et les échafauds attendaient ceux que le fer n'eût pas moissonnés. En de pareilles circonstances, la couronne me fut offerte, je dus me résoudre à l'accepter.

NITÉTIS.

Eh! puisque la victoire te paraissait horrible, acquise au prix du sang des rebelles, pourquoi n'avoir pas refusé le commandement des troupes royales? dis donc, homme abominable, qu'une lâche ambition l'a emporté dans ton cœur sur tous les sentimens de la reconnaissance. Peut-être désespérais-tu de vaincre, et tu as préféré te faire saluer roi par ceux que tu devais combattre.

AMASIS.

Quels que soient les motifs qui m'aient fait agir, les dieux et les hommes ont prononcé en ma faveur, je règne. Il ne vous reste plus qu'à vous soumettre à ce que la fortune a voulu.

NITÉTIS.

Ah! scélérat, comme ton ame hideuse se révèle tout-à-coup, aujourd'hui que l'hypocrisie ne te sert plus de rien!.. Et voilà l'homme que j'avais distingué!..

AMASIS.

Je sens, madame, tout ce qu'il y a de flatteur pour moi d'avoir été l'objet de votre attention...

NITÉTIS.

L'amour que tu m'as inspiré fera toujours mon opprobre. Maintenant que j'apprends à te connaître, il n'y a pas de monstre sur la terre qui me soit aussi odieux que toi.

AMASIS.

Madame, je sens tout ce que je perds...

NITÉTIS.

N'ajoute pas l'outrage à la conduite la plus horrible... mais, dis, mon père... où est-il ? tes brigands ont-ils respecté sa vieillesse ?

AMASIS.

Votre père, madame ? j'ignore ce qu'il est devenu. Sans doute, il est en fuite. Peut-être se flatte-t-il encore de pouvoir tenter quelque jour la fortune !

NITÉTIS.

Si les dieux sont justes, tu n'attendras pas longtemps la punition de ton crime.

AMASIS.

Madame, les dieux feront de moi suivant leur volonté. En attendant, vous êtes ma prisonnière ; je crois qu'il sera bon que vous vous humanisiez un peu.

NITÉTIS.

Je suis prisonnière !.. Ah ! malheureuse !

AMASIS.

Ne craignez rien, vous serez traitée avec tous les égards dus à votre naissance et à l'infortune, mais vous comprenez qu'il y aurait danger pour nous à vous laisser courir nos provinces. Avec une tête

ACTE III, SCENE XIII.

comme la vôtre, vous auriez bientôt mis tout en feu en Égypte.

NITÉTIS (à part).

L'infâme !

MÉNÈS (à Amasis).

Si Votre Majesté n'a pas encore bien arrêté de garder madame, j'oserai solliciter quelque indulgence.

AMASIS.

Que veux-tu que je fasse ?

MÉNÈS.

Je crois, sire, qu'il y a danger à garder l'ex-princesse. Tous les Égyptiens savent ce que vous devez à sa famille, et, si vous la retenez prisonnière, votre conduite sera jugée peu favorablement, car les peuples ont quelquefois des idées singulières de moralité. Il me paraît donc prudent de ne pas heurter de front l'opinion publique.

AMASIS.

Peut-être n'as-tu pas tort ; mais comment nous débarrasser d'elle ?

MÉNÈS.

Ma foi, envoyez-la à Cambyse.

AMASIS.

Je crois que c'est encore le parti le plus sage... Allons, madame, ne vous désolez pas davantage, nous consentons à vous laisser partir.

NITÉTIS.

En effet, il a dû vous en coûter beaucoup de rendre une fille à son père.

AMASIS.

Un instant, madame, ce n'est pas ainsi que je l'entends.

NITÉTIS.

Qu'avez-vous donc décidé ?

AMASIS.

J'ai pensé, madame, qu'il y aurait peu de générosité à moi de vous retenir, et que ce serait une véritable perte pour la société, si on vous réduisait à ensevelir tant d'agrémens et de charmes dans une prison. D'ailleurs, si les Égyptiens n'ont pu s'accommoder de votre famille, ce n'est pas une raison pour que j'oublie ce que je lui dois. Je crois donc ne pouvoir mieux vous témoigner ma reconnaissance qu'en vous faisant reine. Cambyse a envoyé un ambassadeur pour solliciter votre main. Je crois, puisque vous n'avez plus à songer d'occuper le trône d'Égypte, que vous trouverez un dédommagement convenable en régnant sur les Perses et les Mèdes.

NITÉTIS.

Je n'irai pas en Perse.

AMASIS.

Vous irez, madame.

NITÉTIS.

Je veux rejoindre mon père.

AMASIS.

Madame, si votre père vit encore, il ne traînera plus désormais qu'une vie errante et fugitive. Votre présence ne ferait qu'ajouter à ses douleurs. Croyez-moi, madame, la vie des cours est mieux votre fait.

NITÉTIS.

O dieux qui m'entendez! souffrirez-vous qu'on me fasse cette violence?

AMASIS.

Madame, il faut absolument vous résigner. Je vous avouerai que je conçois difficilement votre répugnance pour le mariage en question. Sa Majesté perse n'a rien que de fort agréable ; et, à sa cour, les gens n'ont pas mauvaise façon. Depuis la prise de Babylone par le grand Cyrus, les Perses se sont bien civilisés, et s'il leur reste encore à faire des progrès, vous êtes la personne la plus capable d'achever leur éducation. A l'instant on va vous conduire chez l'ambassadeur; il vous remettra entre les mains de Cambyse... Anysis, acquittez-vous de cette commission.

NITÉTIS (à part).

(Le ciel m'inspire. Oui, j'épouserai Cambyse, et mon père sera vengé.) Messieurs, je suis prête à vous suivre.

SCÈNE XIV.

AMASIS, MÉNÈS.

AMASIS.

Eh bien, Ménès, as-tu été content de moi?

MÉNÈS.

Sire, je suis accablé d'admiration, vous vous êtes montré grand comme sur le champ de bataille.

AMASIS.

Oh! je mène les belles comme mes soldats, tambour battant.

MÉNÈS.

Néanmoins le langage de la princesse a dû vous chiffonner un peu ?

AMASIS.

Pas le moins du monde.

MÉNÈS.

Vous l'avez aimée pourtant !

AMASIS.

Mais aujourd'hui tu sais bien que je me dois tout à mon peuple. Ah çà, nous avons laissé les nôtres en bon train, sans doute ils auront poussé, comme il fallait, les soldats d'Apriès ; mais encore serait-il aussi intéressant d'avoir l'œil à cela que de jaser avec des fillettes. Allons un peu voir.

FIN DU TROISIÈME ACTE.

ACTE QUATRIÈME.

(L'action se passe à une porte de la ville de Saïs.)

SCÈNE PREMIÈRE.

HOMMES DU PEUPLE.

PREMIER ÉGYPTIEN.

Le roi doit être content de nous, on fête dignement son retour; maintenant qu'il est décidément victorieux, espérons qu'il va se donner au grand œuvre de la constitution promise.

DEUXIÈME ÉGYPTIEN.

Je ne vois pas ce qui l'empêcherait de s'y livrer de suite; car le voilà débarrassé de toutes inquiétudes, aujourd'hui que la bataille de Memphis a a mis dans ses mains Apriès.

PREMIER ÉGYPTIEN.

Cependant j'ai peu de confiance dans l'avenir; nous avons tous salué avec enthousiasme l'avènement d'Amasis au trône, et, en vérité, je ne vois pas ce que nous y avons gagné.

DEUXIÈME ÉGYPTIEN.

Patience, l'ami, patience. Le bonheur d'une nation ne s'improvise pas. D'ailleurs Amasis a dû naturellement songer d'abord à nos ennemis. A présent qu'il les a battus, qu'il a ruiné leurs espérances et que les passions qui s'agitaient commencent à se calmer, nous allons voir.

PREMIER ÉGYPTIEN.

Mais s'il est si bien disposé pour nous, alors pourquoi cette confiance qu'il accorde aux créatures de l'ex-roi? Au moment où nous parlons, vois comme il accueille Nékos et Sabakon!

DEUXIÈME ÉGYPTIEN.

Dans un jour comme celui-ci où il ne reçoit que félicitations sur les heureux résultats obtenus par ses armes, Amasis doit nécessairement faire bonne mine à tout le monde. Cela n'a rien d'inquiétant, il nous écoutera aussi. Nous saurons bien lui exposer nos besoins et lui dire ce que nous attendons de notre royauté nouvelle.

PREMIER ÉGYPTIEN.

Nous verrons donc.

DEUXIÈME ÉGYPTIEN.

Le voici qui s'avance de ce côté, nous allons avoir notre tour.

PLUSIEURS.

Place! place! voici le roi.

SCÈNE II.

AMASIS, MÉNÈS, MANÉTHON, CÉBÈS, SABAKON, NÉKOS, OFFICIERS, SOLDATS, PEUPLE.

AMASIS.

Ah çà, Ménès, est-ce que je ne serai pas bientôt quitte des harangues et des harangueurs? Sais-tu

ACTE IV, SCENE II.

que c'est quelque chose d'essuyer ce feu roulant de sots complimens qui m'accueille depuis Memphis jusqu'ici?

MÉNÈS.

Je crois, sire, qu'il eût été plus désagréable pour vous, au retour d'une campagne qui consolide à jamais le nouvel ordre de choses, de ne trouver sur votre passage que des indifférens.

AMASIS.

Mais encore un peu, et je ne sais trop ce que je trouverai à répondre, à moins que tu ne me communiques tes inspirations. J'aperçois là-bas un tas de parleurs dont les discours m'effraient d'avance. J'ai bonne envie de congédier tout ce monde-là.

MÉNÈS.

Votre Majesté ne peut pas se refuser à entendre au moins l'orateur des ouvriers; autrement le peuple s'imaginera qu'on le compte pour rien.

AMASIS.

Je me résigne donc.

MÉNÈS.

Sire, voici l'orateur.

L'ORATEUR.

Sire, le temps est passé où on ne faisait entendre aux rois que de fades adulations.

AMASIS (à Ménès).

« Qu'est-ce que ce gaillard-là me prépare? »

MÉNÈS.

« Je crains qu'il n'aille nous débiter quelque
« sottise. Ces ouvriers sont si gauches! et d'une
« intempérance de langue!... »

L'ORATEUR.

Aujourd'hui que nous avons élevé sur le trône un homme qui était naguère notre égal.......

AMASIS (à part).

Que dit-il?... Moi! j'étais l'égal de ces manans!..

L'ORATEUR.

Je lui dirai la vérité, et rien que la vérité.

AMASIS (à part).

Je suis sur des épines.

L'ORATEUR.

Sire, la misère est générale en Égypte. Le peuple est écrasé d'impôts. Bientôt sa condition, déjà si malheureuse, ne sera plus supportable.

AMASIS.

Mon ami, mon ami, je sais que dans mes états il y a des gens qui souffrent, j'en ai gémi plus d'une fois; mais que voulez-vous que j'y fasse? Attendons tout du temps.

L'ORATEUR.

Sire, toutes les richesses sont concentrées dans les classes sacerdotale et militaire. Le reste de la nation n'a rien.

AMASIS (à part).

(Allons, de pareils drôles voudraient avoir aussi des propriétés). Tenez, mon ami, je vois que vous êtes dupe de fausses théories; vous donnez dans l'idéologie. Savez-vous bien qu'un gouvernement, avec tout autre ordre de choses, serait impossible?

CÉBÈS.

Ces coquins-là ne rêvent qu'un bouleversement général.

ACTE IV, SCENE II.

AMASIS.

Modérons-nous, Cébès.

L'ORATEUR.

Nous ne sommes pas des fauteurs de désordres; mais nous voulons qu'on nous laisse les moyens de vivre.

CÉBÈS.

Alors travaillez.

L'ORATEUR.

Mais si l'ouvrage manque.

CÉBÈS.

Bah! il n'y a que les paresseux qui ne trouvent pas à s'occuper.

MÉNÈS.

Monsieur l'orateur, vous n'avez sans doute pas bien réfléchi sur la portée de vos paroles...

NÉKOS.

Évidemment; car si on y faisait droit, les dieux savent où cela nous conduirait! On ne peut se montrer jaloux des classes supérieures plus maladroitement que vous ne le faites. C'est l'histoire des membres qui se plaignent de l'estomac. Nos privilèges vous choquent; mais si nous prions pour le peuple, si les soldats versent leur sang pour lui, il est juste que le peuple travaille pour nous et paie.

L'ORATEUR.

Laissez-nous posséder quelque chose, nous saurons bien nous défendre et nous passer de vos prières.....

OUVRIERS.

Bravo! bravo!

NÉKOS.

Mes amis, soyons donc un peu calmes. Ouvriers de Saïs, votre conduite a été sublime pendant notre glorieuse révolution, ne la ternissez pas aujourd'hui par des excès. Vous dites que vous êtes misérables en Égypte, que ne faites-vous le tour du monde? Allez en Éthiopie, chez les Arabes. Quand vous vous présenterez quelque part, et que vous vous ferez connaître pour être de ces ouvriers dont l'univers a admiré la conduite dans la grande journée de Saïs, quel est le fabricant, quel est le manufacturier qui refusera de vous donner de l'ouvrage?

L'ORATEUR.

Mais, prêtre d'Isis.....

NÉKOS.

Mais, mais..... Mon ami, n'encouragez donc pas l'esprit de désordre. Voulez-vous affliger le cœur de votre roi?

AMASIS.

Mon cher, vos plaintes ne sont pas légitimes.....

L'ORATEUR.

Sire.....

MÉNÈS.

Assez comme cela; il faut que chacun ait son tour. Sire, je vous présente l'envoyé des Cyrénéens, qui vient complimenter Votre Majesté.

AMASIS.

(Encore une harangue!

MÉNÈS.

Heureusement, car elle nous débarrasse de ce rustre.)

ACTE IV, SCENE II.

L'ENVOYÉ.

Sire, les Cyrénéens ne pouvaient voir avec indifférence le succès de vos armes. Trop de liens nous unissent à la nation égyptienne pour que nous ne partagions pas sa joie. Nous espérons, sire, que l'alliance contractée aux jours du malheur ne fera que se resserrer avec les années, et que les Égyptiens et les Cyrénéens ne feront plus à l'avenir qu'un peuple de frères.

AMASIS (à Ménès).

(A la bonne heure, voilà comme j'aime qu'on s'explique.

MÉNÈS.

Je redoutais pourtant quelque peccadille républicaine.)

AMASIS.

Oui, monsieur l'envoyé, l'union la plus étroite fera notre bonheur à tous. Je suis sensible à cette marque de bon souvenir que me donne la nation cyrénéenne. Dans ma jeunesse, j'ai visité votre petite et intéressante république. Vos concitoyens me plaisaient singulièrement; mais ce qui me charmait le plus en eux, c'est qu'ils n'étaient jamais préoccupés de vaines théories; et je suis persuadé que c'est à cela qu'ils doivent leur prospérité. Puisse leur exemple n'être pas perdu pour mes sujets! Maintenant, allons rendre graces aux dieux des succès que nous avons obtenus, et les prier pour qu'ils versent la félicité et l'abondance sur ce royaume. Et vous, ô Égyptiens, souvenez-vous que mon plus vif désir est de vous voir heureux. Ainsi, mes amis, prenez patience; mais, par-dessus tout, fuyez les théories. Les théories sont subversives de tout ordre social.

NÉKOS.

Sire, le peuple égyptien est quelquefois prompt à s'égarer, mais au fond il est bon; il revient facilement de ses erreurs; il se corrigera donc de cette manie d'innovations qui le tourmente depuis qu'un Solon d'Athènes et un Pythagore de Samos sont venus parmi nous.

AMASIS.

De quels gens parlez-vous, Nékos?

MÉNÈS.

Oh! sire, de deux individus à cerveaux creux, qui ont mis en circulation dans la foule des idées détestables de vertu et de démocratie, et qui auraient bien mieux fait de rester chez eux.

AMASIS.

Prêtre d'Isis, je n'ai jamais désespéré d'une nation comme la nôtre; mais je ne cesserai de lui répéter: pas de théories, pas de théories; autrement nous tombons dans l'anarchie et l'anarchie la plus déplorable. Allons aux temples.

SCÈNE III.

PEUPLE, APRIÈS, SOLDATS.

PREMIER ÉGYPTIEN.

Eh bien, que te semble du roi?

DEUXIÈME ÉGYPTIEN.

Je trouve qu'il n'est déjà plus le même homme.

ACTE IV, SCENE III.

PREMIER ÉGYPTIEN.

C'est pourtant vrai ce que tu dis là ! Ce qui me désole surtout, c'est de voir que les amis d'Apriès sont mieux vus d'Amasis que les hommes de la révolution.

DEUXIÈME ÉGYPTIEN.

Cela est fait pour étonner. Mais, dis donc, voilà un beau cortége ! que de soldats !

PREMIER ÉGYPTIEN.

Qu'est-ce que je vois ?

DEUXIÈME ÉGYPTIEN.

Eh ! c'est l'ex-roi qu'on amène prisonnier. Il ne paraît pas trop abattu. Comme il regarde indifféremment !

PREMIER ÉGYPTIEN.

Il me fait pitié.

DEUXIÈME ÉGYPTIEN.

Ne trouves-tu pas qu'il a l'air d'un brave homme, quoi qu'on dise ?

TROISIÈME ÉGYPTIEN.

Ma foi, il valait bien celui que nous avons maintenant.

DEUXIÈME ÉGYPTIEN.

Apriès n'aurait pas plus mal accueilli notre orateur que ne l'a fait Amasis.

TROISIÈME ÉGYPTIEN.

Comment trouvez-vous qu'un roi sorti du peuple se comporte ainsi envers nous ?

DEUXIÈME ÉGYPTIEN.

Je concevrais encore cette conduite de la part d'Apriès, qui se croyait d'une autre nature que ses sujets; mais d'Amasis que nous avons connu comme un méchant soldat, un coureur de filles.... Ah! la colère m'étouffe.

PREMIER ÉGYPTIEN.

Mes amis, on se porte aux temples; allons-y aussi. D'ailleurs, il n'est pas sans danger de tenir de pareils discours sur la voie publique.

DEUXIÈME ÉGYPTIEN.

Allons, allons.

(Ils s'en vont. Manéthon et Ménès reviennent).

SCÈNE IV.

MANÉTHON, MÉNÈS.

MANÉTHON.

Un mot, Ménès.

MÉNÈS.

Que me veux-tu ?

MANÉTHON.

Je veux t'entretenir un instant.

MÉNÈS.

Impossible; je dois suivre le roi.

MANÉTHON.

Il faut absolument que je te parle.

MÉNÈS.

Tu as donc quelque chose de bien important à me communiquer ?

MANÉTHON.

Ce que j'ai à te dire intéresse au plus haut degré la nation et le roi.

MÉNÈS.

S'agirait-il d'un vaste complot ?

ACTE IV, SCENE IV.

MANÉTHON.

Nullement.

MÉNÈS.

Qu'est-ce donc, alors ?

MANÉTHON.

Ménès, en quel temps vivons-nous ?

MÉNÈS.

Que veux-tu dire ?

MANÉTHON.

Oui, sommes-nous encore aux jours d'Apriès ?

MÉNÈS.

Comment ?

MANÉTHON.

Encore une fois, n'avons-nous fait que changer de personne ?

MÉNÈS.

J'y suis.

MANÉTHON.

Que signifie le langage d'aujourd'hui ? Ton maître s'imagine-t-il que nous avons été le chercher pour nous voir joués de la sorte ? Nous croit-il trop heureux de l'avoir pour roi ?

MÉNÈS.

Diantre ! comme tu y vas ! Est-ce que tu partagerais les opinions et les idées de la populace ?

MANÉTHON.

Crois-tu que nous ayons versé notre sang pour un homme qui ne sera bientôt que le tome deux d'Apriès ?

MÉNÈS.

Manéthon, tes services t'autorisent-ils à parler de ton roi avec aussi peu de respect ?

MANÉTHON.

Laissons là le langage des cours qu'on aurait dû croire en allé avec Apriès. Nous sommes seuls, parlons net. Est-ce que l'on compte persister dans le même système ?

MÉNÈS.

Le roi décidera.

MANÉTHON.

Si tu t'es fait sitôt courtisan, je ne suis encore que soldat, et j'en ai la franchise. Mes sentimens sont connus; je n'ai pas pris une faible part à l'élection d'Amasis; mais je vois avec peine qu'il se perde.

MÉNÈS.

Puisque tu lui portes tant d'affection, que ne t'adresses-tu à lui-même ?

MANÉTHON.

Je me propose d'aller lui parler quand il sera rentré dans son palais; mais comme je tiens à ce que mes paroles ne restent pas sans effet, j'ai voulu d'abord m'entendre avec toi.

MÉNÈS.

Est-il donc si nécessaire que je sois dans la confidence ?

MANÉTHON.

Oui, il est nécessaire, et très-nécessaire, que tu me prêtes l'oreille. Ménès, y songes-tu, de laisser ton maître s'égarer ainsi ? Oublies-tu que nous sommes les premiers intéressés à ce qu'il s'affermisse sur le trône ?

ACTE IV, SCENE IV.

MÉNÈS.

Je sais tout cela.

MANÉTHON.

Pourquoi sa conduite ne se ressent-elle pas un peu plus de l'influence de tes conseils ? L'accueil fait à l'orateur des ouvriers était-il convenable ?

MÉNÈS.

Pourquoi aussi tient-il des discours de démagogue ?

MANÉTHON.

Les ouvriers ont décidé la révolution quand nous sommes entrés dans Saïs, pourquoi ne s'occuperait-on pas un peu de leur sort ? Que signifie cette bienveillance si marquée pour Nékos et autres gens de cette sorte qui nous auraient fait pendre si nous avions échoué dans notre entreprise ?

MÉNÈS.

Que veux-tu ? le roi a sa tête à lui, et nous autres n'avons qu'à marcher.

MANÉTHON.

Un tel état de choses ne doit pas durer. Mais, tandis que nous sommes libres, parlons d'un accident grave.

MÉNÈS.

Je t'écoute.

MANÉTHON.

As-tu remarqué l'impression que faisait sur la foule la présence d'Apriès ?

MÉNÈS.

Non.

MANÉTHON.

Eh bien, j'ai vu avec peine que nos Saïtiens s'intéressaient à l'ex-roi.

MÉNÈS.

En vérité?

MANÉTHON.

Puisque nous en sommes sur ce chapitre, qu'est-ce qu'Amasis a décidé de faire d'Apriès?

MÉNÈS.

A cet égard-là, je suis aussi ignorant que qui que ce soit. Je pense toutefois qu'une prison éternelle attend l'ex-roi. Avec la meilleure volonté du monde, Amasis ne peut le laisser sortir du royaume sans s'exposer à avoir bientôt sur les bras quelque puissant voisin.

MANÉTHON.

Naturellement.

MÉNÈS.

Tu sens bien qu'Apriès pourrait aller trouver Cambyse qui paraît déjà n'être pas très-bien disposé pour nous, et s'il rentrait en Egypte, accompagné des Perses, qui sait ce que nous coûterait notre complaisance?

MANÉTHON.

Très-bien; mais si Apriès doit vivre dans une prison, sommes-nous donc à l'abri de tous périls? Je te l'ai dit, sa présence en ces lieux a causé une vive sensation. Es-tu bien sûr que parmi ses partisans, qui certainement tenteront tout pour l'arracher aux horreurs de sa captivité, il ne s'en rencontrera pas un que la fortune favorise?

ACTE IV, SCENE IV.

MÉNÈS.

C'est une chance que nous avons contre nous.

MANÉTHON.

Une fois échappé de nos mains, s'il gagne un royaume voisin où notre révolution aura jeté l'effroi, une guerre devient imminente. De plus, une guerre de citoyens à citoyens viendra sans doute ajouter à nos périls...

MÉNÈS.

C'est plus que probable.

MANÉTHON.

En conscience, Ménès, devons-nous courir de tels hasards pour un Apriès, un méprisable tyran?

MÉNÈS.

Que faire cependant?

MANÉTHON.

Est-ce que tu ne vois rien qui pare à des malheurs aussi grands?

MÉNÈS.

Je t'avoue que je n'imagine rien, absolument rien.

MANÉTHON.

Souviens-toi, Ménès, qu'il y va de nos têtes; car, s'il remontait sur le trône, Apriès n'épargnerait pas le soldat qui a parlé le premier de faire Amasis roi, et il n'oublierait pas davantage le ministre de celui qui l'a chassé...

MÉNÈS.

Oh! j'en suis bien persuadé.

MANÉTHON.

Ménès, il y a un moyen de nous débarrasser de toutes inquiétudes.

MÉNÈS.
Quel est-il?

MANÉTHON.
Es-tu capable de m'entendre?

MÉNÈS.
Parle.

MANÉTHON.
Ménès...

MÉNÈS.
Poursuis.

MANÉTHON.
Quand le glaive menace nos têtes, serons-nous coupables de chercher à le détourner?

MÉNÈS.
Non, assurément.

MANÉTHON.
Si donc Apriès le tient suspendu jusqu'au jour où l'heure aura sonné, pourquoi ne le préviendrions-nous pas?

MÉNÈS.
Je comprends.

MANÉTHON.
Tu demeures immobile!... Ménès, ne l'oublie pas; en révolution, il n'y a que les morts qui ne reviennent pas.

MÉNÈS.
Je le sais.

MANÉTHON.
A quoi penses-tu?

MÉNÈS.
Aux conséquences d'un meurtre.

MANÉTHON.
Avons-nous à craindre?

ACTE IV, SCENE IV.

MÉNÈS.

Beaucoup.

MANÉTHON.

De qui?

MÉNÈS.

Du peuple. Tu disais toi-même que le sort d'Apriès avait excité sa compassion, que l'aspect du vieillard avait réveillé quelque amour dans tous les cœurs. S'il tombe sous un glaive homicide, la fureur ne succédera-t-elle pas à la pitié générale? Et saurons-nous en comprimer l'explosion?

MANÉTHON.

Je sais que le vulgaire s'indigne qu'on venge sur une tête couronnée des crimes dont il presse la punition chez des coupables moins élevés, aussi faudra-t-il lui épargner le spectacle d'une mort qui nous serait funeste en excitant son intérêt. Les jours d'Apriès doivent s'éteindre loin des regards du peuple. La renommée seule apprendra aux Égyptiens que leur ancien maître a cessé de vivre.

MÉNÈS.

Mais alors un mouvement peut suivre.

MANÉTHON.

Non, Ménès; un mouvement alors n'est plus à redouter. Des rumeurs circuleront parmi la foule, des regrets pourront se faire entendre; enfin on jasera pendant quelques jours, mais voilà tout. Apriès ne tardera pas à être oublié.

MÉNÈS.

Il s'agit maintenant de persuader Amasis.

MANÉTHON.

C'est mon affaire. Viens. Il doit être maintenant de retour au palais; nous entrerons de suite en explication avec lui.

SCÈNE V.

(Une salle du palais royal.)

AMASIS.

Enfin je puis donc respirer en paix! J'ai cru que cela ne finirait pas. Il n'y a que ce drôle d'ouvrier qui soit venu rompre l'uniformité du plus insipide bavardage; et il aurait pu le faire d'une manière plus agréable pour moi. Mais que voulez-vous? même dans cette capitale de l'Égypte et du monde civilisé, tous ces gens à marteaux et à tenailles ont des formes de langage un peu rudes. Quoi qu'il en soit, me voilà donc roi et désormais sans rival! Ces hommes, ces femmes, ces enfans, tout ce peuple affamé de me voir,..... tout cela c'est à moi! Et puis, cousin de toutes les Majestés du monde!... C'est joli, très-joli. C'est dommage que mon cousin Cambyse annonce des dispositions hostiles; car, du reste, les autres rois, mes cousins, se comportent assez bien avec moi. Mais j'entends du bruit. Ah! c'est vous, amis!

SCÈNE VI.

AMASIS, MANÉTHON, MÉNÈS.

AMASIS (à Manéthon).

Eh bien! mon vieux, les affaires ne se sont pas

ACTE IV, SCÈNE VI.

trop mal passées? Je crois qu'il sera long-temps question de cette bataille de Memphis? Nous avons fait des nôtres, j'espère?

MANÉTHON.

Sire, tous nos vœux sont comblés. Désormais l'Égypte est tranquille; et, sous votre gouvernement, elle sera sans doute heureuse.

AMASIS.

Eh! eh! nous avons des nouvelles assez peu rassurantes de Sa Majesté perse. Nitétis est devenue sa femme, et lui a monté la tête.

MANÉTHON.

On devait s'attendre à ce qui est arrivé.

AMASIS.

Avec son caractère passionné et son humeur altière tout était à craindre. Mais comme je ne trouvais pas moins embarrassant de la garder, j'ai pensé qu'elle me saurait gré de l'avoir fait monter sur un trône quand je pouvais la tenir prisonnière. Et puis, je comptais sur quelque réminiscence de tendresse pour moi. Enfin, n'importe, si Cambyse nous fait la guerre, il trouvera qui saura lui répondre.

MANÉTHON.

Sire, il est inutile de revenir sur le passé; mais si une faute a été faite, elle doit profiter en cela qu'on ne retombe plus dans une pareille.

AMASIS.

Manéthon, à quel propos cette réflexion?

MANÉTHON.

Sire, vous avez vaincu; mais la victoire obtenue sous les murs de Memphis n'a pas suffi pour éloigner du trône tous les périls qui le menaçaient.

AMASIS.

Que dis-tu là? Les armées de l'ex-roi ont été complètement détruites; lui-même est tombé dans mes mains..... Qu'est-ce donc qui peut me faire ombrage à l'avenir?

MANÉTHON.

Mais, sire, le tyran n'est pas resté parmi les morts. Sa présence en ces lieux est-elle sans danger?

AMASIS.

Je ne pense pas que dans les circonstances présentes personne soit assez fou de songer à lui.

MANÉTHON.

Cependant la prudence la plus ordinaire veut qu'on ôte aux mécontens tout prétexte de désordres. Or, le nom d'Apriès ralliera toujours ceux que votre élévation au trône n'a pas satisfaits.

AMASIS.

Je ne me dissimule pas qu'Apriès ne soit pour nous un hôte quelque peu incommode. J'aurais pu l'envoyer ailleurs, si je n'avais craint que la surveillance fût moins active que dans Saïs, et qu'un jour il ne m'échappât.

MANÉTHON.

Mais Saïs étant le foyer principal de tous les désordres, n'avons-nous pas à redouter qu'un jour la multitude trompée dans ses espérances, ou, si vous aimez mieux, cédant à cet amour du changement qui lui est propre, n'aille arracher de sa prison ce roi qu'elle abhorre aujourd'hui?

ACTE IV, SCENE VI.

AMASIS.

Je me flatte qu'un tel événement n'arrivera jamais; je n'ose dire pourtant qu'il soit impossible.

MANÉTHON.

Il n'est que trop probable. Le peuple est toujours peuple, et la contemplation d'une grande infortune le frappe vivement. Aujourd'hui, j'ai pu remarquer que la foule était attendrie à la vue d'Apriès. Toutes les têtes s'inclinaient, des larmes coulaient de tous les yeux...

AMASIS.

Est-il possible?

MANÉTHON.

Je crains, sire, que la marche du gouvernement, en provoquant le mécontentement général, n'ait disposé tous les cœurs à la pitié. Quoi qu'il en soit, le mieux sera qu'à l'avenir on évite au peuple un pareil spectacle, il n'en peut rapporter que des impressions pénibles.

AMASIS.

Tu as raison.

MANÉTHON.

Sire, il ne faut à nos ennemis qu'une occasion favorable. Aussitôt ils reprendront courage, s'agiteront, apporteront toutes sortes d'entraves à l'action du gouvernement, souffleront partout la discorde, ranimeront la fureur des partis. L'heure d'agir sonnant enfin pour eux, ils jetteront le masque, voleront aux armes. Nous chercherons autour de nous, nous ne trouverons plus qu'un peuple découragé, parce qu'il aura été trompé, que des amis timides et incertains, parce que le peuple nous abandonnera, que trahison parmi ceux en qui le pouvoir aura mis sa confiance. Cependant Apriès remontera sur un trône d'où ses crimes l'ont fait descendre, la vengeance l'y suivra, et la vengeance d'un despote outragé, elle est terrible!... bientôt les supplices commenceront, le sang coulera par flots... Amasis, est-ce pour arriver là que tant de braves t'ont mis à leur tête, et que la nation t'a salué roi? Toi-même, n'es-tu si rassuré sur l'avenir que parce que tu espères sauver ta personne du commun naufrage?... car enfin, si tu as décidé de garder le trône d'Apriès, tes inquiétudes doivent égaler les nôtres.

AMASIS.

Ah! Manéthon, que tu sais à plaisir te créer de vains fantômes! barbare! Et tu le crois, que je songe à séparer ma cause de celle de mes sujets!... Ah! entre eux et moi, c'est à la vie et à la mort! Si, et aux dieux ne plaise qu'un tel événement arrive! si Apriès doit remonter un jour sur le trône de ses pères, jamais je ne lui en faciliterai les moyens; non, jamais je ne renoncerai à mes droits, et si la fortune trahit mon courage et les efforts de mes amis, ma tête tombera la première sous la hache de ses bourreaux.

MANÉTHON.

Sire, nous aimons de vous entendre repousser comme odieuse une pensée que nous n'avons accueillie qu'avec peine; mais, je ne puis le taire, vous n'avez pas, comme roi, réalisé les espérances de vos compagnons d'armes. Ils ont vu avec douleur qu'à peine vous l'étiez devenu, vous aviez, en quelque sorte, pris à tâche de rappeler votre prédécesseur. Ils se plaisent à croire que cette conduite n'est que l'erreur d'un moment, et que celui qu'ils ont élu ne continuera pas de s'aliéner les cœurs.

AMASIS.

Mais, Manéthon, tu écoutes trop volontiers des esprits chagrins et prévenus. Je t'en supplie, épargne-moi des reproches qui m'affligent. En vérité, je n'y tiens plus; il semble qu'en ce jour tout se réunisse pour m'accabler, et, pourtant, je ne suis occupé que des moyens de rendre mes sujets heureux.

MANÉTHON.

Eh bien! le moment est venu de faire voir que nous pouvons compter sur vous. Au nom de l'armée, dans l'intérêt de vos sujets, dans le vôtre, je viens demander un sacrifice qui montrera clairement si vos pensées sont en accord avec vos paroles.

AMASIS.

Tu n'as qu'à t'expliquer, je suis prêt à t'entendre, et sois bien persuadé d'abord que si la chose importe, comme tu le dis, au bonheur de l'Égypte, quoi qu'il puisse m'en coûter, je ne reculerai devant aucune considération; pourvu toutefois que tu ne sois pas l'interprète de quelques démagogues, car je veux l'ordre avant tout.

MANÉTHON.

Je suis convaincu que l'on pourrait trouver à redire à beaucoup de choses qui se passent journellement sous nos yeux, sans encourir le reproche de démagogie; mais il ne s'agit pas de cela maintenant:

d'autres motifs nous amènent auprès de Votre Majesté. Sire, notre sûreté à tous est compromise. Nos inquiétudes sont grandes; consentez-vous à les faire cesser?

AMASIS.

Sais-tu que tu m'intrigues? Est-ce que Ménès est dans la confidence?

MANÉTHON.

Avant de nous présenter devant Votre Majesté, j'ai dû l'entretenir des craintes de nos amis, et nous sommes tombés d'accord sur la nécessité du sacrifice que nous venons réclamer.

AMASIS.

Je commence à croire effectivement que le danger est réel, car mon ministre ne s'amuserait certainement pas à faire de l'opposition contre moi. Si je me trompais, il faut convenir que mon gouvernement doit ressembler assez à la tour de Babel.

MÉNÈS.

Oui, sire, le danger est réel, mais il disparaîtra quand vous voudrez.

AMASIS.

Parlez donc vite alors, ne me tenez pas plus long-temps dans l'incertitude.

MANÉTHON.

Sire, je crois vous avoir représenté suffisamment de combien de malheurs Apriès peut être la cause. Vos sujets s'en effraient justement, l'armée murmure déjà; leurs alarmes doivent-elles durer encore?

AMASIS (à part).

(Qu'entends-je !)

MANÉTHON.

Je dois le rappeler, sire ; déjà vous avez compromis le sort de votre peuple par une pitié mal entendue. Si vous n'aviez pas envoyé Nitétis à Cambyse, aujourd'hui nous ne serions pas menacés d'une guerre terrible. Cambyse n'eût pas épousé les griefs d'une femme, et nous n'aurions pas à combattre un peu plus tard ces Perses naguère ignorés, mais qui, depuis les jours de Cyrus, n'aspirent qu'à la conquête du monde.

AMASIS.

Eh! s'ils ne rêvent que conquêtes, avaient-ils besoin qu'une femme vînt les exciter pour songer à ce royaume, de tout temps objet de l'envie des barbares! Nous aurons la guerre, mais le sang d'une jeune fille n'eût pas éteint l'ambition dans le cœur de Cambyse, seulement nous aurions un crime inutile à nous reprocher.

MANÉTHON.

Vous avez fait une faute, et pour celui qui commence une dynastie, une faute est plus qu'un crime. Quoi qu'il en soit, quand la guerre éclatera, nos ennemis verront dans Apriès un moyen de souffler parmi nous la discorde, d'exciter les traîtres, et nos soldats marcheront contre Cambyse avec moins de confiance quand ils auront à craindre derrière eux. Nous vous avons fait notre roi, ô Amasis, mais à cette condition que l'intérêt général serait votre premier mobile, et jamais nous n'avons pensé que vous hésitassiez à sacrifier à vos amis un tyran dont l'existence est pour tous un sujet d'alarmes.

AMASIS.

O ciel! l'ai-je bien entendu? Un vieillard, voilà l'objet des craintes des Égyptiens! Une prison ne les rassure pas; il leur faut encore ces quelques misérables jours qui peuvent lui rester!

MANÉTHON.

Souviens-toi que malgré la vieillesse d'Apriès, tu n'as pas eu la patience d'attendre sa mort pour régner. Car c'est l'envie d'occuper de suite un trône qui t'a décidé de passer à nous.

AMASIS.

Oh! j'avoue que le reproche m'étonne; de ta part, je ne l'attendais pas. Mais tu t'abuses si tu crois me faire consentir au crime le plus lâche, le plus odieux. Non, jamais, pour délivrer tes amis et toi de craintes ridicules, je ne permettrai qu'on attente à la vie d'un vieillard malheureux.

MANÉTHON.

Après les preuves de reconnaissance que tu lui as données, ton langage n'a rien qui me surprenne. Je conçois qu'il t'en coûte de sacrifier à l'intérêt de tous l'homme avec qui tu t'es piqué de tant de générosité, avec qui tu n'eus jamais que des procédés si touchans...

AMASIS.

Ah! traître... Mais au nom du ciel, Manéthon, Ménès, y songez-vous? Vous voulez que je vous livre Apriès! Ce n'est pas assez de l'avoir privé du trône, vous avez soif de son sang!... Et moi, que le vieillard a comblé de biens et d'honneurs, je vous l'accorderais !.. Ah! chaque goutte crierait vengeance vers le ciel.

MANÉTHON.

Fais de la morale et du sentiment à ton aise, nous n'en aurons pas moins la vie du tyran.

MÉNÈS.

Écoute, Amasis : nous concevons qu'au moment de prononcer l'arrêt de mort d'Apriès, le souvenir de ce qu'il a fait pour toi vienne t'arrêter; mais, quand on est roi, on se décide par des considérations étrangères au commun des hommes. Résous-toi donc à verser un sang d'ailleurs odieux à l'Égypte entière.

MANÉTHON.

Puisque le désir de régner a bien pu déjà t'entraîner à faire tant, le besoin d'affermir un trône, d'assurer ta vie, celle de tes amis, le repos de l'Égypte, devraient l'emporter chez toi sur tout autre sentiment.

AMASIS.

N'espérez pas de me persuader.

MANÉTHON.

O Amasis! vainement te flattes-tu de laisser vivre le tyran, nous ne sommes pas hommes à te céder. Il importe trop à la sûreté commune que le sang d'Apriès soit versé pour que la pitié nous émeuve; il coulera, et aujourd'hui même.

AMASIS.

Aujourd'hui?

MANÉTHON.

A l'instant.

AMASIS.
Et par quelles mains?

MANÉTHON.
Par les nôtres.

AMASIS.
Les vôtres.

MANÉTHON.
J'ai dit.

AMASIS.
Et malgré moi?...

MANÉTHON.
Tu frapperas avec nous.

AMASIS.
Moi?

MANÉTHON.
Oui, toi. Nous avons assez fait pour ta gloire et pour ton ambition. Le jour est venu que tu dois donner, à ton tour, un gage à la révolution.

AMASIS.
O le plus abominable des hommes!..... Ce n'est pas assez que le crime soit commis, il faut qu'il s'accomplisse par mes mains! Si le sang du vieillard importe au salut de tous, pourquoi ne pas le verser toi seul? Après tous les sacrifices que tu as faits à la patrie, est-il une épreuve dont tu doives t'effrayer?

MANÉTHON.
Amasis, j'aime mon pays d'un amour extrême. Il n'est rien dont je ne sois capable pour assurer son bonheur. Qu'il t'en souvienne, je n'ai mis la couronne sur ta tête que pour épargner à l'Égypte les

horreurs d'une guerre civile. Mais si tu trompes nos espérances; si, par une faiblesse puérile après tout ce que tu as fait, de vains scrupules t'arrêtent au moment de chasser à jamais nos inquiétudes; si tu te refuses à élever une barrière insurmontable entre les partisans du régime que nous avons fait disparaître et toi, tu as cessé de régner.

AMASIS.

Et qui me fera descendre du trône?

MANÉTHON.

Celui qui t'a fait roi.

AMASIS.

Prends garde, Manéthon; je pourrais te faire connaître que le pouvoir est encore en mes mains.

MANÉTHON.

Oh! tes menaces sont inutiles. Nos actions t'ont prouvé assez que tu dois compter sur nous; il est temps que tu montres aux tiens qu'ils peuvent avoir confiance en toi. Es-tu prêt?

AMASIS.

Prêt?..... Ah! Manéthon, ton cœur est trop endurci pour qu'un sentiment de pitié y trouve accès, le crime le plus affreux n'a rien qui t'épouvante... Mais toi, Ménès, tu es homme, tu es mon ami... tu ne réponds rien!... du moins n'adhère donc pas par ton silence à ce qu'ose proposer un barbare. Dis que la chose est horrible, est exécrable.

MÉNÈS.

Amasis, avant qu'il soit peu, les événemens auront amené une nouvelle crise. Pour la surmonter, la confiance du monarque et des sujets doit être mutuelle et entière. Tant qu'Apriès verra le jour, elle n'existera pas, et les compagnons de ta fortune auront à redouter quelque transaction de ta part avec l'ennemi commun. De telles craintes ne leur viendront pas quand tu auras une fois accompli l'acte que nous sommes venus réclamer en leur nom.

AMASIS.

Plus d'espoir donc !.... le ciel se déclare. Une royauté obtenue par le crime doit être aussi conservée par le crime... Eh bien, soyez satisfaits, je suis prêt à vous suivre.

MANÉTHON.

Allons trouver la victime.

SCÈNE VII.

(Une prison.)

APRIÈS.

O ciel! Sous quelle triste étoile tu m'as fait naître! Un temps la fortune me combla de ses faveurs; je ne lisais dans tous les regards que le désir de me plaire, de prévenir mes volontés. Ce temps a rempli mon existence presque entière, et pourtant, comme il me semble aujourd'hui qu'il a été court ! Un jour est venu, jour fatal ! où tout a changé, où du faîte des grandeurs je me suis vu précipité dans l'abîme. Je crus que la fortune pouvait me sourire encore ; vaine illusion ! Bientôt des milliers de cadavres constatèrent aux plaines de Memphis la ruine de mes espérances. Ah ! que l'avenir m'apparaît sombre! Heureusement, l'âge m'avertit que je n'ai pas long-temps à souffrir sur la terre.... Un bruit a frappé mon oreille... Qui vient en ces lieux à cette heure?

SCÈNE VIII.

APRIÈS, AMASIS, MANÉTHON, MÉNÈS.

AMASIS (à part).

Justes dieux ! les accens de cette voix ont jeté le trouble dans mon cœur ! Me ferai-je connaître? ou bien frapperai-je le vieillard sans qu'il sache de quelle main partent les coups?.. Avançons, et qu'il reçoive la mort... Mais, non; jamais je n'aurai le courage..., jamais !

APRIÈS (à part).

Un homme s'avance; ses mains couvrent son visage; j'entends des gémissemens... (haut à Amasis). Inconnu, êtes-vous, comme Apriès, condamné aux horreurs d'une prison? Ou bien, êtes-vous envoyé vers moi par l'usurpateur?

MANÉTHON (à Amasis).

Réponds donc. Est-ce que tu n'oseras pas le regarder en face?

APRIÈS (à part).

Quels sont ces autres qui l'accompagnent?

AMASIS.

Apriès, je ne suis ni la victime, ni l'envoyé de votre ennemi; c'est Amasis lui-même que vous voyez devant vous.

APRIÈS.

Ciel! qu'entends-je!... Mais, je n'en puis douter,

cette voix, ces traits me sont trop connus;.... c'est Amasis!... L'infâme!... et il ose...

AMASIS.

Apriès...

APRIÈS.

Que me veut un lâche usurpateur? Dans mon infortune, je me croyais affranchi du moins de l'horreur de te voir. Viens-tu par ta présence ajouter à mes maux? Le spectacle de ma misère a-t-il quelque attrait pour toi? (A part.) (Il ne répond rien!) O Amasis! tu as eu soif de régner. Je t'avais accablé de bienfaits; tu as tout oublié. Aujourd'hui tu règnes; tu le tiens dans tes mains ce sceptre si ardemment désiré! Celui qui fut ton roi est dans les fers; que te manque-t-il encore? Tu voulais un trône, tu le possèdes; tout ce qui pouvait te faire ombrage a disparu. Les dieux ont prononcé en ta faveur, jouis de ton triomphe; mais, je t'en conjure, épargne-moi la vue d'un traître.

MANÉTHON (à Ménès).

Ce pauvre Amasis est tout interdit. Il se décide pourtant à ouvrir la bouche. Que va-t-il dire?

AMASIS.

Apriès, vous aviez fatigué le peuple par votre orgueil; vous aviez révolté vos soldats par d'indignes soupçons. Le peuple, l'armée appelaient un autre maître. Le choix d'Amasis ralliait toutes les opinions, évitait au pays des discordes civiles; j'ai consenti à monter sur le trône.

APRIÈS.

Si mon joug pesait à la nation, elle a pu le briser

comme l'esclave brise celui d'un maître qu'il abhorre; mais toi, Amasis, qui n'as connu ton maître que par ses bienfaits, toi que j'allais appeler mon fils, comment t'es-tu décidé à tirer le glaive contre ton roi?... Un trône! un trône! voilà l'objet de ton ambition! Un jour tu devais l'occuper. Ce jour, ma vieillesse te disait assez qu'il ne tarderait pas à venir, et tu n'as pu l'attendre. Tu m'as chassé du palais de mes pères; et aujourd'hui!... Ah! si mes fautes méritaient des fers, était-ce à toi de me les imposer?...

AMASIS.

Apriès, nos destinées sont écrites au ciel; nous ne pouvons rien contre elles. Le sort a voulu que je fusse roi; je n'ai été qu'un instrument aveugle. Vainement mon cœur a protesté, la fatalité m'entraînait.

MANÉTHON (à Ménès).

Si la conversation continue, nous allons en entendre de belles.

APRIÈS.

Les dieux ont voulu me punir, et ils l'ont fait cruellement en te choisissant pour l'instrument de leur colère. Je me soumets à leur volonté: mais, tu le sais, il me reste une fille. Sans doute, elle est en ton pouvoir; souffre qu'elle soit réunie à son malheureux père. Ensemble, nos douleurs auront moins d'amertume.

AMASIS.

Votre fille n'est plus en Égypte.

APRIÈS.

Où donc est-elle?

AMASIS.

Elle règne maintenant sur les Perses et les Mèdes, et c'est à moi qu'elle doit son trône. Puissé-je ne pas regretter un jour d'avoir usé de clémence envers elle !

APRIÈS.

Après tout ce que tu as fait, je m'étonne que l'innocence ait trouvé grace devant toi. Tu auras jugé, sans doute, qu'un crime était inutile; mais enfin, elle vit. Quel que soit le motif qui t'ait fait respecter la fille de ton maître, je te remercie d'avoir épargné un dernier coup à mon cœur. Maintenant, dis-moi, je suis ton prisonnier; quel sort me réserves-tu?

AMASIS (à part).

Hélas! que lui répondre!

MANÉTHON (à part).

Le voilà bien embarrassé.

APRIÈS.

Parle, suis-je destiné à finir mes jours dans les fers?... ou bien consens-tu à ce que j'aille rejoindre ma fille?

AMASIS.

Apriès, si j'étais libre d'obéir aux mouvemens de mon cœur, à l'instant vos chaînes tomberaient, et vous iriez vous fixer dans le lieu de votre choix; malheureusement le vœu de mon peuple n'est pas d'accord avec le mien. Si vous étiez rendu à la liberté, l'Égypte croirait voir le flambeau des guerres civiles prêt à se rallumer, un cri général s'élèverait contre moi...

ACTE IV, SCENE VIII.

MANÉTHON (à Amasis).

Sais-tu qu'il est temps d'en finir?

APRIÈS.

Ainsi donc, ce n'est pas assez que tu m'aies fait descendre du trône, ce n'est pas assez que mes armées aient été anéanties, que mes partisans soient dispersés ou morts, l'Égypte serait agitée de craintes continuelles si je n'étais renfermé tant que dureront mes jours! Oh! que n'exige-t-elle encore que tu lui abandonnes ce reste d'une vie qui va s'éteindre! Un vieillard, même prisonnier, ferait trembler toujours des sujets coupables.

AMASIS.

Ce n'est pas une prison, c'est la mort qui t'attend.

APRIÈS.

La mort!... la mort!... l'ai-je bien entendu?... Ah! j'aurais dû le prévoir quand tu es entré. La mort est écrite sur ton front, elle respire dans ton visage... Les monstres qui t'accompagnent la portent également dans leurs traits, dans leurs yeux... Eh bien, pourquoi tarder? Si vous avez soif de mon sang, hâtez-vous de le répandre. Frappez, l'œuvre est digne de vous.

(Manéthon s'approche, tire l'épée d'Amasis, et la lui met dans les mains. Il tire la sienne à son tour. Ménès en fait autant.)

MANÉTHON.

Amasis, rassemble tes forces et ton courage, le moment est venu.

AMASIS.

Mes forces! mon courage!... Mais l'ennemi.... où est-il?...

MANÉTHON.

Là, là... devant toi.

AMASIS.

Quoi !... le vieillard?...

MANÉTHON.

Apriès est notre plus cruel ennemi.

AMASIS.

Au nom du ciel, Manéthon, Ménès !......

MANÉTHON.

Allons, point de faiblesse, avance avec nous.

MÉNÈS.

Amasis, de la résolution, il y va de ton trône.

AMASIS.

Mais nous allons trancher des jours qui touchent à leur terme. Épargnons un faible vieillard...

MANÉTHON.

Il faut qu'il meure. Perds-tu la tête?

APRIÈS.

Allons donc, Amasis, qu'as-tu fait de ce courage que tu montrais dans les batailles?

MANÉTHON.

Amasis !... qu'est-ce que cela veut dire ?... tu t'en laisses imposer par un vieux radoteur?

AMASIS.

Pour dire la vérité, je ne me sens pas à mon aise.

MANÉTHON.

Oh! oh! le pauvre roi que nous avons là, Ménès!

MÉNÈS.

En vérité, je ne le reconnais pas.

AMASIS.

Mais, Ménès, un tel crime....

MÉNÈS.

Misère que cela!

AMASIS.

Mais un vieillard...

APRIÈS.

Approchez donc, ne me faites pas languir; chaque instant que je vous vois ajoute à mon supplice.

MANÉTHON.

L'insolent!... son heure a sonné.

MÉNÈS.

Meurs, tyran.

MANÉTHON (à Amasis).

Frappe donc aussi! Maintenant, Cambyse peut venir.

FIN DU QUATRIÈME ACTE.

ACTE CINQUIÈME.

(Un jardin. Derrière les arbres et dans les entre-colonnemens d'un pavillon qui s'élève à droite de la scène, on découvre la ville de Saïs ; à quelque distance on remarque la statue colossale d'Isis, divinité particulièrement honorée à Saïs.)

SCÈNE PREMIÈRE.

DEUX SOLDATS.

PREMIER SOLDAT.

Puisque le roi est d'un autre côté, restons un peu ici.

DEUXIÈME SOLDAT.

Causons des événemens du jour.

PREMIER SOLDAT.

Cela fera diversion à nos ennuis. Il faut convenir que c'est un triste métier que celui de garder les gens.

DEUXIÈME SOLDAT.

Il y a manière de passer le temps plus agréablement.

PREMIER SOLDAT.

A l'heure qu'il est, tout doit être fini.

DEUXIÈME SOLDAT.

J'avoue que je ne suis pas sans inquiétude, car ces Perses sont terribles.

ACTE V, SCENE I.

PREMIER SOLDAT.

Nos camarades les valent bien, j'espère?

DEUXIÈME SOLDAT.

Nous avons été heureux jusqu'à ce jour; mais, entre nous soit dit, les Perses ne l'ont pas été moins. Et puis, Amasis est si changé! lui, dont l'activité suffisait à tout, paraît succomber maintenant sous le poids des affaires. Il abandonne à ses ministres le soin du gouvernement, à ses généraux le commandement de ses armées. Conçoit-on qu'à la nouvelle de l'approche de Cambyse, il n'ait pas volé lui-même à sa rencontre?

PREMIER SOLDAT.

Aussi beaucoup de bruits ont couru dans le public à propos d'un changement si extraordinaire.

DEUXIÈME SOLDAT.

Quels bruits?

PREMIER SOLDAT.

Des bruits d'une nature assez étrange; mais je n'y crois pas.

DEUXIÈME SOLDAT.

Ils sont trop réels.

PREMIER SOLDAT.

Nous entendons-nous?

DEUXIÈME SOLDAT.

Parfaitement.

PREMIER SOLDAT.

Cependant comment un crime aussi horrible?...

DEUXIÈME SOLDAT.

Achève.

PREMIER SOLDAT.

Là,... camarade, Amasis aurait-il poussé la barbarie?...

DEUXIÈME SOLDAT.

Un usurpateur a-t-il jamais reculé devant un crime nécessaire?

PREMIER SOLDAT.

Mais celui-là était-il donc nécessaire?

DEUXIÈME SOLDAT.

Apriès vivant eût toujours été un sujet d'inquiétude, n'est-ce pas? Il n'en fallait pas davantage pour que sa mort fût résolue.

PREMIER SOLDAT.

Au fait, je crois qu'Amasis ne s'abandonne tant aux plaisirs et aux voluptés que pour échapper à d'importuns souvenirs. Une fois, je l'ai suivi des yeux, comme il errait dans ces jardins. Je ne sais, mais il se passe quelque chose d'étrange en lui. Il marchait à pas lents, puis il s'arrêtait, demeurait immobile, absorbé dans une rêverie profonde, les regards fixés sur la terre, une pâleur affreuse couvrant son front... Tout-à-coup il relevait son visage avec une expression menaçante, s'avançait à grands pas; et ses gestes trahissaient une violente émotion. Enfin, devenu plus calme, il finissait par diriger ses pas vers ce pavillon, où bientôt la musique et des danses semblaient dissiper ses ennuis.

DEUXIÈME SOLDAT.

Il n'est pas impossible que le souvenir du crime qu'il a commis vienne le tourmenter quelquefois. Cependant ce n'est pas l'ordinaire que des hommes de cette trempe se laissent abattre pour si peu de chose. Si Amasis est devenu tout autre en montant sur le trône, il ne faut en chercher la cause que dans son élévation. Quand une fois ces sortes de gens ont obtenu ce qui était l'objet de leur ambition, la tête leur tourne aussitôt, et c'est ce qui est arrivé à Amasis. Cet homme, qui ne respirait que pour les périls et pour la gloire, a senti bientôt diminuer son ardeur, et n'a pas tardé à s'endormir dans les voluptés. Ce qu'il y a de plus triste dans tout cela, c'est que, de quelque manière que tournent les choses, il ne peut qu'arriver mal au pays. Ou Cambyse sera vainqueur, et nous aurons à subir l'insolence des barbares, ou Amasis l'emportera, et dèslors, affranchi de toutes craintes, il s'efforcera tous les jours davantage de ressembler aux rois ses prédécesseurs.

PREMIER SOLDAT.

Je l'aperçois qui s'avance vers ce lieu. La joie rayonne sur son front; sa tête est couronnée de fleurs. Ne troublons pas ses plaisirs, éloignonsnous.

SCÈNE II.

AMASIS, ENSUITE DES ESCLAVES.

Voilà un charmant pavillon que m'a fait mon architecte! Je veux qu'il devienne le temple du plaisir; il sera consacré aux festins et aux danses. Vraiment ce lieu est enchanteur! Allons, esclaves, apportez une table; qu'elle soit chargée des mets les plus exquis; qu'une Grecque, aux belles formes, me présente la coupe parfumée; et que la lyre résonne à mes oreilles. En attendant, examinons un peu ces peintures, et voyons si elles répondent à la magnificence de l'édifice. Quelle est cette composition qui décore le plafond?... Une vaste salle s'ouvre devant moi, un monarque et les grands de sa cour sont à table. Les femmes les plus belles se tiennent à leurs côtés, des lyres dans les mains, des couronnes sur la tête. Mais, au milieu de cet appareil de fête, pourquoi cet effroi qu'on lit sur toutes les figures?... Une main trace des caractères sur le mur, c'est elle qui attire l'attention des convives. Qu'est-ce qu'elle écrit? « Ton règne est fini. » Ton règne est fini!... Par ma foi, voilà un tableau bien imaginé! et convenablement placé surtout! Le peintre a voulu me faire une leçon. Tant d'audace passe la permission. Peintre abominable, tu seras pendu; oui! tu seras pendu.

SCÈNE III.

AMASIS, NEKOS.

NÉKOS (à part).

(Je m'aperçois que je viens dans un moment peu favorable; mais, n'importe, les circonstances sont trop graves pour que je manque l'occasion de l'entretenir, et de lui faire honte de son inaction. Ainsi donc, je me décide à l'aborder.) Sire...

AMASIS.

Ah! vous voilà, Nékos; approchez un peu. Nékos, voyez-vous ce tableau?

ACTE V, SCÈNE III.

NÉKOS.

Je vois, sire. C'est Sardanapale qui lit sur la muraille qu'il a cessé de régner.

AMASIS.

Savez-vous, Nékos, que cette peinture est injurieuse à la majesté royale, qu'en conséquence l'artiste doit être pendu?

NÉKOS.

Sire, calmez ce courroux...

AMASIS.

Je vous dis qu'il sera pendu.

NÉKOS.

Mais, sire, en montant sur le trône, Votre Majesté a fait serment de gouverner d'après les lois. Ce n'est pas quand il s'agit de l'existence d'un homme que vous devez n'écouter que votre mauvaise humeur.

AMASIS.

Encore un peu, et je crois que vous alliez me parler de constitution. Ah! que j'envie le sort de mon cousin le roi d'Éthiopie! Chez lui, il n'est pas question de chose pareille. Sa volonté souveraine est la loi. Il veut qu'on pende, et on pend.

NÉKOS.

Sire, le peintre n'est peut-être pas aussi coupable que vous le pensez. Je suis même persuadé qu'il n'y a pas eu mauvaise intention de sa part. Vous connaissez le génie philosophique de notre nation. Il se plaît à rappeler sans cesse le néant des grandeurs et la vanité des plaisirs. Le peintre n'aura fait que céder au goût général.

AMASIS.

Si cela est ainsi, je consens à lui faire grace. Seulement, il aura soin d'effacer ses barbouillages. Mais à l'avenir, dans mes états, les sujets de tableaux seront fixés par ordonnance. Ah çà, prêtre d'Isis, quel est le motif de votre visite ?

NÉKOS.

Sire, c'est au nom des lois que je me présente chez vous.

AMASIS.

Au nom des lois ?

NÉKOS.

Votre Majesté ne peut ignorer que, depuis un temps immémorial, c'est l'usage en Égypte, lorsque les rois prennent leur repas, qu'un prêtre veille à ce que le boire et le manger leur soient livrés avec mesure.

AMASIS.

Vous avouerez, monsieur le prêtre, que voilà un usage étrange ! Mes sujets mangeront et boiront tout à leur aise, et moi, je serai au régime !

NÉKOS.

Sire, le législateur a pensé que l'intempérance était d'un exemple moins fâcheux de la part d'hommes du commun que de celle des monarques, et qu'il y avait moins d'inconvéniens à ce que les sujets commissent des excès, qu'à ce que la majesté royale fût dégradée par de sales turpitudes.

AMASIS.

Ce législateur a eu sans doute de bonnes intentions; mais il faut reconnaître qu'il a fait ses lois pour des temps bien différens des nôtres. Celle-ci particulièrement a été abrogée par le fait même de notre gloriéuse révolution; c'est évident. Au reste, une autre fois nous en pèserons mûrement les avantages et les inconvéniens. Provisoirement, qu'il n'en soit plus question ; et, puisque la table est mise, souffrez que je fasse honneur au festin. Asseyez-vous, prêtre d'Isis.

NÉKOS.

Sire, vos volontés sont des ordres; mais je ne puis vous taire que les Égyptiens voient avec peine que leur roi oublie trop souvent ses devoirs pour se livrer aux voluptés et aux plaisirs de la table.

AMASIS.

Eh! Nékos, les Égyptiens ont tort de s'affliger à ce sujet. Parce que j'aime quelque peu les danses et les fêtes, parce que je fais bonne chère, je ne néglige pas pour cela les affaires de mon royaume. Mais quand l'esprit est fatigué, il faut bien lui donner quelque distraction; il ne doit pas être toujours occupé, pas plus qu'un arc ne doit rester toujours tendu. Il y a temps pour tout, a dit un sage roi des Hébreux; temps pour aimer et temps pour haïr, temps pour rire et temps pour pleurer.

NÉKOS.

Cependant, quand Votre Majesté s'abandonne aussi ouvertement au plaisir, elle provoque la médisance. Vous savez que les petits sont toujours enclins à parler mal des grands.

AMASIS.

Et que dit-on de moi dans Saïs?

NÉKOS.

Sire, on s'y explique parfois assez cavalièrement sur le compte de Votre Majesté.

AMASIS.

Mais enfin, que dit-on ?

NÉKOS.

Sire, j'attristerais Votre Majesté si je lui rendais les discours de la foule.

AMASIS.

Nékos, je veux de la franchise. Un roi doit entendre la vérité, sachez donc me la dire.

NÉKOS.

Mais, Sire...

AMASIS.

Pas de mais. Nous sommes seuls ici, personne ne nous écoute. Quoi que vous puissiez dire, la Majesté royale n'en sera pas offensée. Ainsi donc, parlez.

NÉKOS.

Sire, les Égyptiens se rappellent naturellement le temps de votre gloire. Ils s'étaient persuadé qu'en montant sur le trône, vous porteriez dans les affaires cette activité que vous aviez montrée dans les camps....

AMASIS.

Et ?...

NÉKOS.

Et maintenant, ils disent que leurs espérances ont été bien trompées. Ils se demandent s'ils n'ont fait un roi que pour le voir se livrer à son aise aux voluptés. D'abord ils s'étaient flattés d'un heureux changement; mais aujourd'hui, ils désespèrent, et

ACTE V, SCENE III.

vont répétant avec humeur, qu'il n'est qu'un parvenu...

AMASIS.

Les insolens!... qu'un parvenu, avez-vous dit?... Monsieur le prêtre, voyez-vous le colosse d'airain qui s'élève au loin sur cette place? le voyez-vous?

NÉKOS.

Je le vois, sire.

AMASIS.

Eh bien! jadis il fut un bassin. Vous pouvez vous en souvenir, il se trouvait dans une des cours du palais. On s'y baignait, et l'onde gardait la souillure des corps. Depuis, sous la main d'un artiste habile, il est devenu la puissante Isis; aujourd'hui la foule se prosterne devant lui et adore. Si ce bassin, en prenant une forme nouvelle, a pu devenir l'objet des hommages de tout un peuple, pourquoi l'homme autrefois ignoré, mais ensuite illustré par la victoire, et maintenant sur le trône, sera-t-il jugé inférieur à ceux que leur naissance a faits rois? Est-on moins digne d'estime pour avoir été l'artisan de sa fortune? Monsieur le prêtre, donnez, de ma part, le conseil à ceux qui tiennent de pareils propos, d'être, à l'avenir, plus réservés.

NÉKOS.

Sire, ce n'est que sur votre invitation pressante que j'ai osé vous en entretenir. Ils ne sont pas seulement de la dernière inconvenance, il y a plus, ils portent à faux, car il est notoire, dans notre ordre, que l'illustration des Amasis remonte à des siècles. Le vulgaire peut avoir perdu la mémoire des services qu'ils ont rendus à la patrie, mais nos annales sont là qui les attestent.

AMASIS.

Que dites-vous là? Vous connaissez de telles annales?..

NÉKOS.

Sire, l'ordre des prêtres est trop jaloux du soin de notre gloire nationale pour souffrir que le temps en éteigne si facilement le souvenir.

AMASIS (à part).

Je suis transporté d'aise...

NÉKOS.

Sire, des Amasis ont régné sur l'Egypte avant, bien avant Mœris; et nous avons la preuve qu'ils sont vos ancêtres. Si, par la suite des années, le trône leur a été ravi, ils n'ont pas cessé d'honorer et de servir le pays.

AMASIS.

Est-il possible, prêtre d'Isis? (A part.) (Une voix intérieure me le disait qu'il y avait du sang royal dans mes veines). Vous me donnerez connaissance de vos annales. Vous sentez que je dois éprouver un vif désir de connaître les hauts faits de mes ancêtres.

NÉKOS.

Sire, pour le satisfaire, je me hâterai d'écrire un résumé de ce qu'ils ont fait de plus notable.

AMASIS.

Pas de résumé, pas de résumé. Je veux connaître leurs actions dans les moindres détails; ainsi j'en-

ACTE V, SCENE III.

tends que vous me communiquiez les pièces originales.

NÉKOS.

Mais, sire, l'histoire de vos aïeux, comme celle de tous nos rois, n'existe que sur nos monumens et sur les murs de nos temples. Elle y est tracée en caractères hiéroglyphiques que nous autres prêtres savons seuls interpréter.

AMASIS.

Au diable les hiéroglyphes! Monsieur le prêtre, comme je veux que l'histoire de mon illustre race devienne populaire, j'exige que la clé de l'écriture hiéroglyphique soit donnée à tout le monde.

NÉKOS.

A tout le monde? sire.

AMASIS.

A tout le monde.

NÉKOS.

Mais, sire, avez-vous bien réfléchi aux conséquences d'une telle résolution? Doutez-vous qu'elles soient désastreuses pour la société? Si tant de connaissances dont l'ordre des prêtres conserve le précieux dépôt, deviennent le partage de la foule, quelles armes terribles ne mettez-vous pas dans ses mains! Quand une fois de nouvelles lumières seront répandues parmi le peuple, il en abusera incontestablement, il recherchera l'origine de toutes choses, et quand il croira l'avoir trouvée, il sentira diminuer son respect pour tout ce qu'il a été habitué à vénérer jusqu'à ce jour. La royauté elle-même aura à souffrir...

AMASIS.

Comment cela?

NÉKOS.

Son origine étant connue, inévitablement ses droits seront plus contestés. Déjà le peuple n'annonce pas des dispositions si bienveillantes.

AMASIS.

Nékos, ce que vous dites mérite considération.

NEKOS.

D'ailleurs, Votre Majesté comprendra facilement que si, parmi ses ancêtres, il en est dont la gloire brave les effets de l'envie, d'autres, et ce n'est pas le plus petit nombre, ne méritent pas au même degré les hommages de la postérité; plusieurs même ont scandalisé le monde par des vices honteux. La foule, toujours maligne, serait frappée de la turpitude de ceux-ci plus qu'elle ne serait éblouie de la grandeur des premiers. Pourquoi donc arracher à l'oubli des misères dont l'étalage ne peut que porter atteinte dans l'esprit des peuples à la majesté royale, et réveiller dans vos sujets cette fureur de dénigrement qui n'épargne rien et qui est la maladie de notre âge?

AMASIS.

Vous me persuadez; mes sujets ne sont pas assez mûrs pour que le mystère des hiéroglyphes leur soit dévoilé. Trop de connaissances gâteraient des cerveaux si légers. Ils me donnent assez d'embarras déjà sans que j'aille m'en créer de nouveaux.

NÉKOS.

Sire, je ne puis mieux comparer les Egyptiens

qu'à ces oiseaux à qui le plus faible rayon suffit pour les guider dans les ténèbres, mais qu'une lumière plus vive éblouit.

AMASIS.

C'est une chose décidée, prêtre d'Isis; le peuple n'entendra pas parler des hiéroglyphes. Vous vous bornerez donc à me faire le petit résumé dont vous parliez; mais n'omettez rien d'important.

NÉKOS.

Sire, vous pouvez compter que je ne tairai aucune des grandes actions de vos aïeux. L'Égypte est trop intéressée à ce que celui qui occupe leur trône se montre un peu plus jaloux d'égaler leur gloire.

AMASIS.

Allons donc, prêtre d'Isis, est-ce que les commérages de la foule ont fait impression sur votre esprit? Que veut de moi l'Égypte? que je recherche la gloire des conquérans! Je sais que Sésostris a rempli la terre de son nom; les trophées dont elle est couverte attestent assez ses victoires; mais les Égyptiens ont-ils été plus heureux, parce qu'elles ont retenti partout? Non, prêtre d'Isis, malgré des exemples fameux, je n'ambitionnerai pas la gloire des conquêtes. J'ai montré, en temps et lieu, que les périls ne m'effrayaient pas. Aujourd'hui, la paix seule a des charmes pour moi; car elle me permet de me consacrer tout entier au bonheur de mes sujets.

NÉKOS.

Sire, l'Égypte ne demande pas un conquérant;

mais pourquoi, lorsque le sol est envahi, son roi n'est-il pas à la tête de ses défenseurs?

AMASIS.

C'est que j'ai jugé ma présence dans Saïs plus utile au royaume. D'ailleurs, Manéthon ne commande-t-il pas mes soldats? Pouvais-je faire choix d'un homme plus capable et plus dévoué? et puis, une cohue de barbares vaut-elle la peine que je me dérange?

NÉKOS.

Mais, sire, le peuple s'inquiète....

AMASIS.

Le peuple! le peuple!... et toujours le peuple! Nékos, nos Égyptiens ont un défaut, c'est de jaser souvent à propos de rien. Dans un être humain, c'est la tête qui pense et décide, les membres obéissent; dans une monarchie, quand le maître commande, les sujets n'ont plus qu'à se taire. Mais quel est l'importun qui vient nous troubler?

NÉKOS.

Sire, c'est votre ministre Ménès. Il paraît accablé de tristesse.

AMASIS.

Alors que vient-il faire en ces lieux?... Pour mon compte, je ne suis guère disposé à sympathiser avec lui.

NÉKOS.

Peut-être quelque événement grave...

AMASIS.

Pas du tout. Ces hommes d'affaires ont toujours la mine allongée ainsi...

SCÈNE IV.

LES PRÉCÉDENS, MÉNÈS.

MÉNÈS (à part).

Peut-on perdre plus gaiement son royaume! En vérité, je ne sais comment m'y prendre pour lui annoncer son malheur.

AMASIS.

Ici, Ménès, à mon côté. Et vous, esclaves, versez-lui à boire.

MÉNÈS.

Sire....

AMASIS.

Pas de cérémonies, à table.

MÉNÈS.

Mais, sire, une nouvelle fâcheuse...

AMASIS.

Ah çà, te tairas-tu? Si la nouvelle est mauvaise, ne la connaîtrai-je pas assez tôt?

MÉNÈS.

Cependant...

AMASIS.

Encore une fois, silence. Avant tout, il faut boire. Je ne te reconnais pas!

MÉNÈS.

Je reconnais encore moins Votre Majesté.

AMASIS.

Comment, Ménès?... toi!... toi!... Est-ce que l'âge te changerait déjà? Je ne puis l'exciter. Prêtre d'Isis, les Égyptiens sont d'un sérieux qui me désespère.

Je me souviens, dans mes voyages, d'avoir causé avec un Phénicien qui avait vu beaucoup de pays. Entre autres nations visitées par lui, il me citait un jour celle... celle...

NÉKOS.

Des Indiens peut-être?

AMASIS.

Non, non, une autre...

NÉKOS.

Des Massagètes? des Paphlagoniens?

AMASIS.

Oh! une nation à peu près ignorée; aussi le nom m'échappe. La nation... la nation... la nation gauloise!

NÉKOS.

Gauloise!

AMASIS.

Oui, gauloise.

NÉKOS.

C'est la première fois que j'en entends parler.

AMASIS.

Elle ne mérite pas moins d'être connue.

MÉNÈS.

Sire, de bien autres choses doivent...

AMASIS.

Silence, Ménès! l'humeur me gagne. Ce Phénicien me disait donc n'avoir jamais rencontré de gens plus gais que les Gaulois, ni de femmes plus aimables et plus spirituelles que les leurs. Tandis que chez les autres peuples on vit pour vivre, chez les Gaulois on n'existe que pour le plaisir. Ailleurs, il ne faut qu'un accident dans le ménage, qu'un revers de fortune, pour rendre aux hommes la vie insupportable; dans cette terre fortunée des Gaules, un malheur est bien vite oublié : on rit, on chante sa disgrace, et on boit à des temps plus prospères. Nous, amis, prenons pour modèles de prétendus barbares; laissons gronder l'orage, oublions Cambyse et Manéthon. Buvons.

NÉKOS (à part).

Bons dieux! bons dieux! quel roi nous avons là!

MÉNÈS.

Sire, je serais coupable envers mon pays si je gardais plus long-temps le silence. Tandis que vous vous oubliez dans les plaisirs, l'ennemi s'avance à grands pas, il menace votre capitale.

AMASIS.

Quelles sottises viens-tu nous débiter? et mes soldats, les comptes-tu pour rien?

MÉNÈS.

Vos soldats sont étendus sur la plaine.

NÉKOS.

Ciel!

AMASIS.

Prêtre d'Isis, mon ministre est fou, je crois.

MÉNÈS.

Non, sire, j'ai toute ma raison. Pour le bonheur de l'Égypte je voudrais qu'elle fût altérée.

AMASIS.

Est-ce que Manéthon ne les commandait pas?

MÉNÈS.

Sire, Manéthon a péri.

AMASIS.

Oh! oh! cela devient sérieux. (Il se lève.) Comment! il est possible qu'un Cambyse, un Perse ait vaincu mes soldats!

MÉNÈS.

Vos soldats se sont montrés dignes de leur vieille renommée. Ils ne pouvaient vaincre, ils sont morts.

AMASIS.

Me voilà bien avancé! O Manéthon! Manéthon! qu'as-tu fait de mes braves?

MÉNÈS.

Sire, Manéthon a fait tout ce qu'on pouvait attendre d'un grand capitaine. Malgré le nombre des Perses, long-temps le sort du combat fut incertain. Après des prodiges de valeur, la victoire semblait même acquise aux nôtres, quand la plus infâme trahison vint la leur arracher. Toutes les ressources qu'il put trouver dans son expérience, Manéthon les employa, mais en vain : l'heure fatale avait sonné pour l'Égypte. Alors qu'il vit que tout était perdu, il ne voulut pas survivre au malheur des siens; et son glaive trancha le cours d'une vie glorieuse. Quelques soldats qui combattaient auprès de lui, s'étant serrés, parvinrent à s'ouvrir un passage à travers les barbares, et, favorisés par la nuit, échappèrent à toute poursuite. Ils viennent d'entrer dans Saïs où leur présence a jeté la consternation.

AMASIS.

Manéthon est mort comme il a vécu, en brave. Honneur à sa mémoire! Mais les traîtres, quels sont-ils?

ACTE V, SCENE IV.

MÉNÈS.

Comme les troupes se portaient au-devant des Perses, déjà un de ces étrangers appelés en Égypte par Apriès, et dont plusieurs, après la révolution, furent imprudemment admis dans nos rangs, Phanès d'Halicarnasse, avait passé à Cambyse. Grace à lui, les Perses ont su traverser heureusement le désert. Enfin, le jour du combat, quand l'ennemi commençait à plier, tout-à-coup un corps de nos soldats, le dernier à se déclarer lors de l'insurrection contre Séthos, tourna ses armes contre nous. Amétophis le commandait.

AMASIS.

Le père de Thaïs?

MÉNÈS.

Lui-même. Il paraît qu'il était d'intelligence avec Phanès; et si sa trahison a été plus tardive, c'est qu'il voulut qu'elle n'éclatât qu'avec notre ruine.

AMASIS.

Leur conduite criminelle n'aura servi de rien; les espérances des traîtres seront trompées. Une bataille a été perdue, l'Égypte est-elle soumise pour cela? Un moment la fortune sourit à Cambyse, sa chute en retentira davantage. Crois-moi, le sol de la patrie sera bientôt purgé des barbares qui le souillent.

MÉNÈS.

Mais, sire, à peine la nouvelle de notre désastre est répandue, déjà l'effroi est général.

AMASIS.

Ménès, ce découragement ne durera pas. Les

Égyptiens ne sont pas hommes à se laisser abattre ainsi par un premier revers. Je vais me mettre à leur tête. Nul doute qu'à ma voix, à l'annonce du danger qui menace le royaume, ils ne se lèvent comme un seul homme.

MÉNÈS.

Sire, les soldats de Cambyse sont aguerris; ils sont enivrés de leurs triomphes; et les vôtres ne sont plus, ou leurs faibles débris errent dispersés.

AMASIS.

Qu'ont fait nos pères au temps où Sennachérib envahit l'Égypte? Les soldats mécontens refusaient de marcher. Celui qui régnait alors ne désespéra pas de la fortune, il donna des armes à ces ouvriers, à ces laboureurs jusque-là si méprisés, et la victoire couronna ses efforts. Pourquoi leurs enfans ne renouvelleraient-ils pas les mêmes prodiges? Mais voici Cébès, que vient-il m'apprendre?

SCÈNE V.

LES PRÉCÉDENS, CÉBÈS.

CÉBÈS.

Sire, l'arrivée de plusieurs bandes de soldats et la nouvelle de la victoire de Cambyse causent dans la ville une agitation extrême. Je crains que de graves désordres ne s'ensuivent. Avant d'agir, j'ai voulu prendre les ordres de Votre Majesté.

AMASIS.

Est-ce que des symptômes de révolte se manifesteraient?

CÉBÈS.

Sire, la frayeur est grande; des groupes nombreux se forment de tous côtés. Dans les rues, sur les places, chacun interroge celui qu'il rencontre. Les ouvriers désertent leurs ateliers; partout les travaux sont suspendus. Dans les quartiers les moins populeux, on se heurte, on se presse. Çà et là, on remarque déjà des rassemblemens tumultueux. Toutefois, nulle part, que je sache, la population ne se montre hostile.

AMASIS.

N'importe, Cébès, des rassemblemens sur la voie publique ne doivent pas être tolérés. Ils ne tarderaient pas à devenir dangereux; et c'est le cas, moins que jamais, de montrer de la faiblesse. Je m'en repose sur toi du soin de les dissiper. Partout où la force armée éprouvera de la résistance, qu'elle se montre sans pitié pour les perturbateurs.

CÉBÈS.

Je vole accomplir vos ordres.

SCÈNE VI.

AMASIS, MÉNÈS, NÉKOS.

AMASIS.

Voilà pourtant les Égyptiens! Quand ils ne devraient songer qu'à s'unir contre l'ennemi commun, c'est alors qu'ils font les mauvaises têtes!

MÉNÈS.

Si la population n'est pas mieux disposée, je crains qu'elle n'aille pas volontiers à l'ennemi.

AMASIS.

Ménès, ne nous effrayons pas pour des riens. Dans quel pays ne trouve-t-on pas des brouillons? Parce qu'il y a dans Saïs quelques individus qui ne se plaisent que dans le désordre, ce n'est pas une raison pour douter du zèle des masses. Jugeons mieux nos compatriotes. Ce sont eux qui m'ont mis sur le trône; je suis leur ouvrage; est-il supposable qu'ils m'abandonnent en présence de l'ennemi? Mais tout ce peuple fait bien du bruit! C'est à m'assourdir. Quels sont ces cris? (On entend : A bas le tyran! A bas l'usurpateur!) Décidément, l'insolence est à l'ordre du jour. Quelle nouvelle, prêtre d'Isis?

SCÈNE VII.

LES PRÉCÉDENS, SABAKON.

SABAKON.

Sire, une révolte générale éclate en ce moment dans la ville.

AMASIS.

Une révolte?

SABAKON.

Sur tous les points, les soldats résistent aux flots de la populace qui les assiège; mais on annonce que les Perses sont au moment d'arriver.

AMASIS.

Je vois qu'il est temps que je me montre. Mes armes!

(Il dépose sa couronne de fleurs, couvre sa tête d'un casque, et prend une épée.)

SABAKON.

Sire, de coupables tentatives ne seront point couronnées de succès. Tous les bons citoyens vont se serrer autour du trône et lui faire un rempart de leurs corps.

AMASIS.

Prêtre d'Isis, je reconnais à ce langage le patriotisme dont vous avez donné tant de preuves, et dont je me plais à croire que votre ordre entier est également animé. (A Sabakon et à Nékos.) Je compte sur vous, Messieurs; vous userez de toute votre influence pour ramener à l'obéissance des sujets égarés. Vous ne pouvez oublier que la religion et la royauté se doivent un secours mutuel. Un trône qui ne s'appuie pas contre l'autel ne tarde pas à crouler, comme la voix de la religion est bientôt étouffée et l'autorité des prêtres méconnue dans les tourmentes révolutionnaires. Mais les cris redoublent, le tumulte s'accroît, il est temps d'agir. Allons, Ménès.

SCÈNE VIII.

SABAKON, NÉKOS.

NÉKOS.

En vérité, Sabakon, je vous admire! Y songez-vous, de montrer tant de zèle pour Amasis? la révolution, parce qu'elle est un peu malade, a-t-elle donc cessé de nous être odieuse? Pourquoi vous feriez-vous jusqu'à la fin le champion des rebelles? Est-ce pour avoir donné la mort au roi Apriès de sainte mémoire que l'usurpateur s'est acquis des droits à votre amour?

SABAKON.

Je n'en reviens pas. Si je me suis soumis au nouvel ordre de choses, à qui la faute? N'est-ce pas vous qui m'avez engagé à porter mon hommage à celui en qui vous ne voulez plus voir qu'un usurpateur?

NÉKOS.

Entendons-nous. Lorsque le roi Apriès fut détrôné, si les prêtres se fussent mis en opposition avec le peuple, tôt ou tard ils succombaient. Je prévis qu'Amasis nous donnerait sa confiance; je ne me suis pas trompé. Tant qu'il s'est comporté comme un roi, je l'ai servi fidèlement; mais il n'a pas tardé à s'oublier dans les plaisirs et dans la mollesse. Puisque mes conseils n'ont pu le tirer de son inertie, maintenant qu'un abîme s'est ouvert sous ses pas, pourquoi nous obstinerions-nous à servir une cause devenue mauvaise?

SABAKON.

Nékos, avez-vous bien réfléchi au torrent de calamités qui va fondre sur l'Égypte si les Perses sont vainqueurs? Vous savez ce que sont devenues Sardes et Babylone conquises par les mêmes ennemis. L'exemple n'est pas encourageant.

NÉKOS.

Sabakon, la foule pâtira sans doute. Nitétis vengera sur elle ses outrages passés et la mort de son père; mais nous autres prêtres n'avons jamais été très-bien vus des révolutionnaires, par conséquent il nous sera facile d'établir qu'en nous joignant à eux, nous n'avons fait que céder à la nécessité. Renfermons-nous donc dans une prudente réserve; ne faisons pas de démonstrations en faveur de Cambyse tant que rien n'est décidé; mais aussi ne nous mettons pas en quatre pour un homme qui joue de son reste.

SABAKON.

La cause d'Amasis vous paraît-elle décidément perdue?

NÉKOS.

Elle l'est, Sabakon; Amasis aurait pu régner dans des circonstances moins critiques, et s'il eût su tenir la victoire enchaînée; mais, à peine il est roi, il s'attache, tant qu'il peut, à suivre les mêmes erremens que son prédécesseur, et son lieutenant est assez malheureux pour se faire battre; vous sentez, cher collègue, qu'à moins d'un miracle, c'est fait de l'homme. Vous semblez éprouver quelque émotion ?

SABAKON.

Est-ce que vous ne remarquez pas que le désordre va toujours croissant?

NÉKOS.

Auriez-vous peur ?

SABAKON.

Je ne suis pas trop rassuré.

NÉKOS.

Voyons un peu. Le roi veut se faire entendre, mais les cris de la foule l'interrompent à chaque instant. Ses officiers cherchent en vain à rétablir l'ordre. Oh! les choses tournent mal. Les soldats sont aux prises avec les citoyens, leur nombre est trop faible pour qu'il tiennent long-temps. Si les Perses surviennent, nous voilà bien préparés !

SABAKON.

Si vous m'en croyez, nous nous éloignerons d'ici.

NÉKOS.

Partons, car le roi est obligé de battre en retraite. Ces lieux ne tarderont pas à devenir le théâtre de quelques scènes désagréables. En restant, nous serions forcés, pour éviter de nous faire un mauvais parti, de prendre fait et cause pour les vainqueurs. Or, les vainqueurs, un peu plus tard, pourraient devenir les vaincus, et nous serions compromis. Le plus sûr, c'est de ne pas nous trouver dans une bagarre... Allons-nous-en.

SCÈNE IX.

AMASIS, MÉNÈS.

AMASIS.

Ai-je bien entendu, Ménès?.. Toutes ces imprécations de la fureur et de la rage, elles s'adressaient à moi!.. à moi ! Et pourtant ce peuple aujourd'hui révolté, ce peuple dont les cris sinistres retentissent encore, de quelles acclamations il salua mon élévation au trône! Ainsi donc, dans tous les temps, dans tous les lieux, les amours de la foule sont également inconstans !...

MÉNÈS.

Sire, il ne faut pas se le dissimuler, en différant toujours de donner aux Égyptiens la constitution promise, vous vous êtes aliéné leurs cœurs.

AMASIS.

Mais, bons dieux ! qu'est-ce que signifie donc ce désir immodéré de liberté ? Pourquoi cette impatience ? C'était bien après des secousses comme celles que venait d'éprouver le pays, qu'il convenait de lancer une constitution au milieu des partis ! J'aurais ouvert un beau champ au bavardage et à l'intrigue ! Ménès, avant tout, le gouvernement devait être fort. La nation avait besoin qu'une main vigoureuse en saisît les rênes. Dans les circonstances où nous nous sommes trouvés, m'imposer des entraves, c'eût été me créer des embarras sans fin, et le royaume était plongé dans l'anarchie. Il importait d'abord de comprimer les partis à l'intérieur, de réprimer nos ennemis au dehors ; après cela on aurait vu.

MÉNÈS.

Mais, sire, le peuple s'indignait de ce que les hommes de la révolution avaient moins d'influence dans vos conseils que les intimes de l'ex-roi.

AMASIS.

Eh bien, le peuple n'était pas raisonnable. Il est vrai que j'ai donné ma confiance à des pontifes mal notés de nos démagogues; mais n'est-ce pas dans les temps de désordre qu'il convient surtout de rendre à la religion sa splendeur, d'honorer ses ministres ?

MÉNÈS.

En attendant, nous voilà dans de beaux draps !

AMASIS.

C'est à notre esprit national qu'il faut s'en prendre. Moins impatient, moins léger, il ne se fût pas rebuté au premier accident, et avec les années, mon règne ne pouvait manquer d'enfanter des merveilles.

MÉNÈS.

Les dieux sont bien jaloux de notre bonheur !

SCÈNE X.

LES PRÉCÉDENS, CÉBÈS.

CÉBÈS.

Quoi! sire, les Perses entrent dans la ville, vos soldats bravent la mort, ils baignent de leur sang le seuil du palais, et vous n'êtes pas à leur tête !

AMASIS.

Les Perses sont dans la ville ! Oh ! alors tous les efforts du courage sont inutiles. Pourquoi faire couler des flots d'un sang généreux ? Nous ne pouvons nous flatter de repousser les barbares.

CÉBÈS.

Sire, oubliez-vous que si nous succombons, les supplices les plus affreux puniront le crime de vous avoir porté sur le trône ?

AMASIS.

Vous échapperez à de sanguinaires réactions en

ACTE V, SCENE X.

gagnant des régions lointaines. Dis à nos amis de ne pas s'obstiner davantage à combattre, de se distribuer mes trésors et de fuir.

CÉBÈS.

Nous persistons à disputer la victoire. Si nous trouvons la mort, du moins sera-t-elle glorieuse.

AMASIS.

Puisque vous êtes résolus à vous comporter jusqu'à la fin en hommes de cœur, c'est à votre roi de vous donner l'exemple. Marchons.

MÉNÈS.

Sire, est-ce que vous ne verrez pas la reine avant qu'elle s'éloigne? Je l'aperçois avec les serviteurs qui doivent protéger sa fuite.

AMASIS.

Ma foi, je t'avoue que sa présence m'embarrasserait. Je l'ai tant négligée durant le cours de mes prospérités!... Elle ne manquerait pas d'éclater en reproches.

MÉNÈS.

Mais, sire, elle est si bonne!

AMASIS.

Tu as raison. C'est bien le moins qu'au moment de quitter à jamais ma femme, j'aie des procédés avec elle. La voici!.. Laissez-moi; aussitôt débarrassé d'elle je vole vers vous.

SCÈNE XI.

AMASIS, LAODICE, serviteurs.

LAODICE.

Sire....

AMASIS.

Madame ?....

LAODICE.

Mon époux.....

AMASIS.

Laodice ?....

LAODICE.

Il a donc fallu que l'infortune vous accablât pour qu'il me fût donné de paraître devant vous !

AMASIS (à part).

Voilà déjà le commencement. (haut.) Laodice, vous êtes en droit de vous plaindre ; jamais plus tendre épouse n'a vu plus mal payer son amour. Mes torts sont grands, je le sais; mais si vous m'avez gardé quelque ressentiment, vous devez être satisfaite en ce jour. Épargnez-moi donc des reproches.

LAODICE.

O Amasis, vous me connaissez mal si vous avez pu croire que je viendrais ajouter par mes plaintes à vos douleurs. Je me suis contentée de gémir en silence quand vous étiez heureux, maintenant je ne vous demande qu'une grace. N'importe où vous alliez, souffrez que je suive mon époux, que je sois

ACTE V, SCENE XI. 179

sa compagne, que j'aie la consolation d'adoucir ses peines.

AMASIS.

Laodice, ce n'est pas quand mes amis meurent pour moi que je puis songer à fuir. D'ailleurs, celui qui a tout sacrifié à un trône, ne se résigne pas facilement à en descendre. La mort, la mort seule peut expier les crimes de ma vie. Mais vous, qui avez toujours été pure, évitez une fatale destinée. Hâtez-vous, fuyez.

LAODICE.

Au nom de tout ce qui vous est cher, Amasis, ne m'imposez pas une séparation cruelle. Si l'honneur s'oppose à ce que vous cherchiez votre salut dans la fuite, allez tenter la fortune. J'attendrai ici que les dieux aient prononcé.

AMASIS.

Je n'ai plus rien à espérer de la fortune. Je ne veux que mourir, mais mourir comme un roi. Les barbares vont emplir mon palais, un Cambyse occupera mon trône, il ceindra sa tête du diadème qui parait mon front, et moi, je ne serai plus qu'un cadavre insensible, objet d'indignes outrages! Partez donc, le temps presse. Ma garde ne soutiendra pas long-temps les efforts des Perses. Si vous tardez à fuir, des soldats furieux auront pénétré dans cette enceinte, et peut-être ils ne respecteront pas l'épouse d'un ennemi qu'ils abhorrent.

LAODICE.

Que mon sort ne vous inquiète pas, Amasis. L'ennemi, si barbare qu'il soit, n'aura pas soif du sang d'une femme. Il ne me disputera pas des jours destinés à s'éteindre dans les larmes.

AMASIS.

Mes instances ne pouvant rien sur vous, je vais donner des ordres. Mes amis, appprochez. Vous m'avez toujours servi fidèlement, j'attends de vous une dernière preuve d'attachement. Tant que j'ai régné, je me suis plu à verser sur vous mes bienfaits, vous allez montrer qu'ils ne sont pas tombés sur des ingrats. Je confie à vos mains tout ce que j'ai de plus cher au monde, je vous charge de conduire votre reine à Cyrène, auprès de son père. Des chars vous attendent en un lieu écarté, hors des murs de Saïs. Vous y arriverez par une galerie qui se prolonge jusque-là, et dont Anysis vous montrera l'entrée. Adieu, mes amis, profitez du désordre pour vous éloigner et faire plus sûrement votre voyage. Allez, et n'oubliez pas votre roi.

LAODICE.

Puisque les dieux cruels vous rendent sourd à mes prières, je me résigne à la plus triste existence. Je pars; mais, avant que votre malheureuse épouse vous perde à jamais, ne lui refusez pas un dernier gage de tendresse, le baiser d'adieu !

AMASIS.

Laodice, recevez-le avec tous mes vœux, pour que vous soyez plus heureuse un jour que vous ne l'avez été sur le trône. Laissez-moi espérer que mon souvenir vous suivra sous le toit paternel, et trouvera toujours quelque pitié dans votre cœur. Les instans qui me restent à vivre en seront moins amers.

SCÈNE XII.

LES PRÉCÉDENS, MÉNÈS.

MÉNÈS.

Sire, tout est perdu. En ce moment, l'ennemi pénètre dans le palais. Cébès est tué, vos soldats sont en fuite ou tombent sous le glaive des Perses. Si cette demeure des rois n'est pas encore la proie des flammes, c'est qu'on veut s'emparer de votre personne et vous amener enchaîné à Cambyse pour qu'il satisfasse, à son gré, sa haine et sa vengeance.

AMASIS.

On ne réussira pas dans ce qu'on se propose.

MÉNÈS.

Sire, toutes les issues sont gardées.

AMASIS.

Ménès, je n'ai jamais tourné le dos devant l'ennemi.

MÉNÈS.

Mais, sire, la résistance n'est plus possible.

AMASIS.

La mort l'est toujours.

(Il se frappe.)

MÉNÈS.

Ciel !

LAODICE.

Amasis! mon époux !

(Elle se jette sur son corps.)

On entend : les Perses ! les Perses !

MÉNÈS.

L'exemple est bon à suivre.

(Il se frappe.)

DES SOLDATS entrent en criant :

Sauvons-nous, voici les Perses !

FIN DU CINQUIÈME ET DERNIER ACTE.

ERRATUM.

Page 61, lig. 27, au lieu de : *les cœurs d'Apriès;* lisez : *les cœurs à Apriès.*

www.ingramcontent.com/pod-product-compliance
Lightning Source LLC
Chambersburg PA
CBHW071947110426
42744CB00030B/632